我知你心

基层建设的心理管理之道

——● 《我知你心》编委会 编 ●——

石油工业出版社

图书在版编目（CIP）数据

我知你心 / 《我知你心》编委会编.

北京：石油工业出版社，2013.1

ISBN 978-7-5021-9443-7

Ⅰ. 我…

Ⅱ. 我…

Ⅲ. 海洋石油工业 - 班组管理 - 经验 - 中国

Ⅳ. F407.226.6

中国版本图书馆 CIP 数据核字（2013）第 007713 号

出版发行：石油工业出版社

（北京安定门外安华里 2 区 1 号　100011）

网　　址：www. petropub. com. cn

编辑部：（010）64523735　发行部：（010）64523620

经　　销：全国新华书店

印　　刷：北京晨旭印刷厂

2013 年 1 月第 1 版　2013 年 1 月第 1 次印刷

740×1060 毫米　开本：1/16　印张：14.75

字数：204 千字

定价：36.00 元

《我知你心——基层建设的心理管理之道》

编委会

主　任：武文来

副主任：张松甫　王朝柱　王明阳　王安锦　贺群慧

委　员：邓　硕　李　磊　郑继勇

顾　问：张西超

编写组

主　编：贺群慧

撰　稿：邓　硕　李志达　陈凤玲　卢蕾芹　权智杰
　　　　贾兆慧

插　图：邢　晨

专业支持

北京易普斯咨询有限责任公司

序一：用心走好成长每一步

　　这几年，我在基层调研的时候，有时会和基层的班组长代表们座谈聊天，听听他们的想法、意见和建议。每当看到在生产一线的不少表现突出的年轻人，经过两三年的历练，就被赋予重任，当上班组长，要独当一面了，我是由衷地感到高兴。同时，也想对这些"85后"的小班长们谈一谈我对管理的思考和理解。

　　现代年轻人的思维、行为方式有着鲜明的特点，不能完全套用以前的管理理念来实施对年轻人的管理。在一封年轻班组长写给自己员工的谈心信中，我就看到这样的话："从我接任班长一职的时候，我就决定用自己的方式和你们相处，没有班长与员工的距离，只有朋友与朋友的感情。"如果说纪律、制度、规范是基层管理应有的"硬"手段，那现代的基层管理还需要各种"软"方法。班组长不仅"打铁需要自身硬"，还要有将"百炼钢"化为"绕指柔"的能力。对年轻的班组长们来说，掌握和运用好后一种能力是一种挑战，而不是一朝一夕之功。优秀的管理者不是天生的，需要用"心"学习、体会和感悟。在这个成长的过程中，我想对年轻的班组长们提出"四步曲"。

　　学会沟通与改变。沟通是管理的第一要素。管理领域有"两个70%"定律，即成功管理者70%的时间都在用于沟通，70%的问题可以通过沟通有效解决。巧妙的人际沟通能释放和缓解压力，营造轻松、愉快、亲切、和谐的班组氛围。沟通是班组管理中很重要的事，也是一种需要学习的技巧。年轻的班组长们经常感觉在上上下下的沟通中比较难，其中主要的问题往往不在于沟通对象，而在于自己没有改变，突破不了沟通障碍。因此，改变不愿、不会沟通的状况，学会与他人沟通是班组长成长需要迈出的第一步。

学会平和与包容。"海纳百川、有容乃大"。平和与包容既是一种智慧，也是一种人生境界。有时年轻的班组长难免心高气盛，尤其是在基层任务重、时间紧的情况下，出现团队成员不配合或工作不达标的情况，一着急就容易火冒三丈，吹胡子瞪眼睛。坏脾气和差情绪是把双刃剑，在伤害他人的同时也伤害自己，影响班组氛围。因此，学会不论在任何环境下，都能够理智、平静、从容地处理各种事务，用平和与包容来充当班组建设的"润滑剂"，是班组长成长需要迈出的第二步。

学习合作与分享。所谓"一花独放不是春，百花齐放春满园"。在班组这样一个小集体中，合作是工作态度，分享是精神统一。由于能力、品格、技术出类拔萃，班组长从成员中脱颖而出，走上带头人位置，但这并不意味着脱离成员，而要和大家一起做事、一起感受、一起收获、一起进步，形成融洽和谐的大家庭。因此，学会让成员的思想协调统一，行动一致和谐，达成最终结果的共赢，是班组长成长需要迈出的第三步。

学会思考与总结。"学而不思则罔"。思考和总结是不断进步的基础。善于思考和总结的人眼光独特，观察事物可以做到同中求异，异中求同；善于思考和总结的人思想敏锐，能够做到思路清晰，少走弯路；善于思考和总结的人较为成熟，他们把成败当作成长的试金石而不是绊脚石。因此，学会不断总结自己、反思自己和比较自己，敏于观察、勇于学习、勤于思考、善于总结，是班组长成长需要迈出的第四步。

人生是一个过程，成功也是一个过程。中国走过改革开放 30 多年，我们的公司从计划体制走向现代企业管理制度，应该说每一步都走得不容易，每一步都是积累和成长，每一步都是由一线员工和基层管理者共同见证和实现的。只有我们的青年员工更多、更快地成才，只有我们的基层管理更扎实，公司发展的步伐才能稳健、有力、可持续。

谨以此代序，与广大基层管理者和青年员工共勉！

吕波

中国海洋石油总公司党组成员、副总经理

2013 年 1 月 15 日

序二：让班组长都学点心理学

拿到这个手册本以为又是一般的管理心理学或人际关系心理学的介绍与普及的书籍。没有想到，眼前一亮。这是一本具有全新构思并且与来自基层管理经验和心理学原理、方法紧密结合的、自成体系的实用手册。全书围绕着如何做好一个有效的、让大家喜欢的班组长这样一个具体而实用的目标及其所需要的心理学、管理学和人际关系学方面的知识和技巧展开介绍，具有以下鲜明的特点：

第一，结构安排实用、合理。从班组长上任后的角色与变化开始，介绍其角色的变化和性格的关系，然后描述班组长如何处理与组员的关系，包括新老员工的关系问题，最后到如何管理团队。可以说，本手册将班组长的工作流程和工作涉及的方方面面的心理问题和管理问题都考虑到了，体现了其对基层工作的服务性和针对性。

第二，将鲜活的基层案例与精辟的专业分析结合起来。书中的案例都来自真实的日常生活，反映了企业基层生活的生动内容，使员工感觉非常熟悉，贴近自己的生活。这与本书的写作方式有关，本书的撰写团队是基层管理者与心理学工作者的结合，他们相互合作、讨论、分享，心理学工作者进入基层进行具体的心理辅导，而班组管理者又学了一些心理学，只有这种互补式的互动，才能产生针对性和服务性强的手册。这是一次有益的尝试，也是撰写这类实用手册具有中国特色和企业特色的一个新的方向，值得倡导。

第三，本手册语言通俗、知识点叙述有趣、可读性强。本书的读者主要是基层班组长和员工，如何将深奥、复杂的心理学知识变得通俗易懂，而且让一个非心理学专业的读者感兴趣，这是一个非常难的任务。有经验的作者都知道，写书往专业上写容易，往通俗上写不易。本手册很好地解决了这个难题，对于管理学、心理学的知识和技巧的介绍生动具体、通俗可读，介绍的心理学效应生动有趣，吸引人的阅读兴趣。

目前，基层员工非常需要结合我国特色和自身经验而生成的知识系统和应用类书籍。现在管理类的书籍大多是泊来品或者是根据外国有关书籍编写，很少有立足于我国企业的管理经验而撰写的书籍，本手册就是难得一见的原创性图书。我相信，如果企业的班组长都拥有这样一本书，都来学点心理学，不但会极大地提升自己的管理水平和个人综合素质，而且还会给企业带来极大的效益。为此，我愿意向广大企业员工推荐本书。

刘翔平

北京师范大学心理学院
临床与咨询心理研究所所长
教授、博士生导师
2013 年 1 月

前　言

心理管理能力——优秀基层管理者的"软实力"

　　大量的现代企业管理实践证明：人力资源管理一直处于现代企业管理的核心地位，对企业的生存和发展有着至关重要的作用。人不是一种简单的技术要素，而是具有较强建设性潜力的因素。如何管理好员工，让每位员工最大程度地发挥其潜能，充分实现其价值，从而对企业做出最大贡献是每位管理者都要思考的问题。在现代人才观中，真正优秀的人才应该是心智成熟的人，也就是说不仅掌握非常好的专业知识与技能，还应该具有成熟的心态、完善的人格，这样的人才更具有可持续发展的能力。

　　2011 年初，在中国海洋石油总公司的海油工程青岛公司开展青年班组长心理管理能力培训时，40 多位班组长对课程表示出浓厚的兴趣，不仅早早地到培训现场听课，积极参与各项互动项目，并且课后一直围着老师纷纷提问，希望此类的培训能再多些。用他们的话来说，"别看是个小班组，原来管理起来这么多道道"。正是班组长们的期望，促使我们编写出这本《我知你心——基层建设的心理管理之道》。在专业心理咨询团队的支持下，编写组收集到了 110 篇班组长亲自撰写的真实案例，从心理管理的角度，归纳整理成 8 大类管理问题，浓缩到一个普通班组中。例如，通过一位新班长小王的心路成长历程，提出实用而具启发性的解决方案，一步步揭示出基层管理者心理管理能力的提升之道。

　　总之，心理成长是一生的话题，作为基层管理者，更应主动参与心理知识技能的学习与训练，提升自己的竞争"软实力"，成为让员工感到幸福、值得信赖的优秀管理者。当然，更多的智慧、经验和做法来自基层管理的实践和总结，我们也希望，这本专门从心理角度谈基层建设、员工管理的书籍，能引发基层管理者们的思考和探索，为企业的发展增添不竭动力。

编者

2012 年 12 月

《我知你心》人物谱

小　王：　新任班长，技术好，踏实认真，稍内向，工龄5年。

老　张：　资深成员，曾当过小王的师傅，工龄15年。

小　军：　成员，比较爱耍小性子，工龄3年。

小　徐：　成员，比较内向，"闷葫芦"，工龄3年。

小　刘：　成员，小王好友，活儿好，热情，工龄6年。

小　陈：　成员，班里骨干，乐观、积极，工龄4年。

大　陈：　成员，绰号"大王"，工作卖力，脾气冲，工龄8年。

小　孙：　成员，绰号"小王"，机灵，比较爱耍小聪明，工龄2年。

小　丁：　成员，表现一般，工作有点消极，工龄7年。

小　东：　新成员，"80后"，研究生，聪明，适应力强，对岗位不太满意。

小　磊：　新成员，"90后"，专科生，对岗位还不太适应。

小　马：　从其他班新调入的成员，技术不错，但有点滑头。

老　肖：　另一班的班长，曾是小王的班长，也是良师益友。

张博士：　心理学专家，EAP（员工帮助计划）项目顾问，乐于帮助大家
　　　　　答疑解惑。

（以上均为虚构人物）

第一章
新官上任"三支香"

对于新任班组长来说，上任之初要解决好哪些问题？

不要着急，本章将会从心理学视角，为你深入解读新任班组长要烧好的"三支香"：适应新角色、"搞掂"老员工、树立领导者形象。

主题

角色适应、心理调整

蔚蓝之爱·从心开始

第一节 适应新角色

- 刚升职做班组长，感觉好像还不太适应这种角色的转变，我该怎么办呢？

- 在分配工作的时候，我该如何以班组长的姿态让同事听从我的安排呢？

- 升职有一段时间了，但总有种"骑虎难下"的感觉，压力好大，我该怎么办？

新班长日志

201×年2月11日

　　随着新公司的投产，去年年底我们班组的9位人员全部配齐了，各项工作也在逐步走向正轨。由于我的工作技能比较出色，做事细致，因此领导今年让我担任班长职务。

　　刚开始，我信心十足，觉得自己一定能干得很好。可当真正上任之后，我才发现班长工作并不像我想象的那样简单，不仅很多工作内容是我以前从没有接触过的，还要面对以前同级别同事的质疑，所以感到压力很大。一次偶然的机会，我听到同事在私底下议论："我看他根本就不是当班长的料，也就跟我们一起干活儿还行。"说实话，这对我打击挺大的，最初的雄心壮志所剩无几，我甚至开始怀疑自己是否具备当班长的能力。

　　关于班长的职责，虽然之前从老班长那里也学到了一些，但真正到自己面对时，我才发现真不是那么回事。面对下属员工，我总是希望能尽快树立自己的权威形象，所以在心情急躁的时候，难免会以权压人，但结果……现在感觉自己和员工的距离越来越远了，面对他们的不服和抵触情绪，我该如何调整自己呢？

老班长经验

带着重重心事，新任班长小王找到了自己曾经的班长老肖，向他说出了自己的烦恼。

听完了小王的诉说，老肖拍了拍他的肩膀，语重心长地说："你提到的这些压力，是每个班组长在上任初期都要面对和解决的。对你来说，面临着由普通员工到班组长的转变；而对员工来说，他们则面临着跟你之间由普通同事到上下级关系的转变，这对班组所有人，尤其对你来说，都是一个很大的挑战。我当初有过同样的经历，其实，只要你能静下心来认真地调整一下自己，局面就会逐渐转变的。"

通过与老肖的交流，小王意识到，自己在心理上对班长角色不适应是导致当前问题的主要原因之一。但如何才能尽快适应班长角色呢？

正在一片茫然、不知所措之际，小王听说公司正在开展 EAP（员工帮助计划）项目。该项目是公司为企业为员工提供的一项心理福利。在专业的 EAP 工作者帮助下，通过为员工及其家属提供科学、专业的心理指导、培训和咨询，能够帮助他们解决各种心理困扰。于是，抱着试试看的想法，小王决定去找 EAP 项目的心理专家张博士，希望能得到一些专业帮助。

张博士点评

诉说完自己的情况，小王的心情有些低落。张博士递给了他一杯水，说："现在心里很乱，对吗？"小王点了点头。张博士笑着说道："那就让我们一起，把思绪整理一下，看一看，在担任班长前后，你所面对的工作和心理感受发生了哪些变化，好吗？"

在张博士的引导下，小王找出了自己在担任班长前后工作性质和心理感受的区别：

班组长任前任后比较	
担任班组长前	担任班组长后
我是班组骨干（管事）	我是管理者（管人）
我关心的是自己工作完成的质量（倾向于注重细节）	我要关心每个员工的工作完成情况，还要关心他们之间的配合是否得当（倾向于关注整体）
做事干活儿，是非责任分明（思维方式：非黑即白）	要权衡各方面利弊，有的时候没有对错标准（思维方式：非黑非白）
对事不对人，就事论事（关注客观事物）	对事又"对人"。既要完成工作任务，又要照顾员工情绪（既要关注客观事物，又要关心员工主观感受）
想法比较单一（工作方式上只算"加法"——完成一件事再去做另外一件事）	头绪复杂、方方面面需要操心（工作方式上要算"乘法"——所有工作要素都要齐头并进，每一个员工都要配合参与）

看着小王若有所思的神情，张博士继续说道："你的反应其实很正常。因为，对每一个新班组长来说，当遇到这种工作角色的重大转变时，都需要时间来调适自己。问题的关键在于我们能否及时地把握这种转变的本质所在。相信只要努力，你就一定可以很快适应班长工作，成为一个优秀的班长。"

张博士支招

班组长角色适应，即班组长对自身工作角色及其变化的适应。对于新任的班长来说，其工作的首要任务就是要对自身的心理和行为进行调适，以尽快适应班组管理工作的需要。

最后，张博士为小王开出了一张"药方"：

（1）掌握班组长角色规范，了解班组长角色期望

对于新任班组长，首要工作就是要明确自身的角色规范，即应该负责哪些工作、有哪些管理禁忌、需要注意什么；其次是了解班组长角色期望，即上级领导和员工对自己的角色以及行为方式分别有什么期望。

实际上，通过跟"头儿"和员工的谈话就可以帮你很容易地了解这些情况。不过这里需要注意的是，你可以跟"头儿"直接地表明自己的问题和目的；而跟员工，则需要你降低姿态，在轻松的气氛下进行沟通，才能真正了解到他们对班组长的诉求和期待。

（2）加强学习，不断增强工作技能和管理能力

成为一名班组长，这无疑是职业生涯的一次重要飞跃。但职位的提升也对班组长自身的管理能力和素质提出了新的挑战。我们该如何成功应对呢？最好的方式就是不断学习。

作为班组长，学习的方式无疑有很多：定期对工作中的问题进行总结、反思，

进行自我提升；经常向有经验的老班组长和上级领导虚心请教，学习管理技巧；阅读管理类图书，用知识武装自己……

（3）清晰角色定位，调整自身行为方式

身处班组长职位，需要时刻意识到：随着职位提升，自己应以更成熟、理性、睿智的行为方式来处理问题。也许，之前你有着一副火爆的脾气；也许，以前你不是特别注重跟其他员工的沟通；也许，之前你跟某位同事有过节……但从现在开始，你应当对这些行为叫"停"了。

那我们该如何调整自己的行为方式呢？关心每一个员工、从班组工作的全局考虑问题、既抓工作又关心员工主观感受、提升班组凝聚力……相信只要做到了这些，你就一定会成长为一名有人气、有魅力的优秀班组长。

心理知识百宝箱

"角色效应"

心理学家通过观察发现：两个同卵双生的女孩，尽管她们的外貌非常相似，也生长在同一个家庭中，从小学到中学，直到大学都是在同一个学校，同一个班内读书，但两人在性格上却差异迥然：姐姐性格开朗，好交际，待人主动热情，处理问题果断，较早地具备了独立工作的能力；而妹妹却性格内向，不善交际，遇事缺乏主见，在谈话和回答问题时常常依赖于别人。

是什么原因造成姐妹俩在性格上的巨大差异呢？研究发现，主要是她们充当的"角色"不同所致。自从出生后，父母对待两人的态度就大不一样：尽管是孪生姐妹，但父母却责成先出生的姐姐必须照顾后出生的妹妹，并对妹妹的行为

负责，同时也要求妹妹听姐姐的话，遇事必须与姐姐商量。这样，姐姐不但要培养自己独立处理问题的能力，而且也扮演了妹妹"保护人"的角色，妹妹则理所当然地充当了被保护的角色。

你对班组长角色有着怎样的定位，你就会承担怎样的角色。在从普通员工到班组长的转变过程中，如果你能够及时地调整自己，重新定位自己的角色，学会以班组长的立场来思考问题、处理工作，以班组长的视角来管理员工、提升自我，那你就一定可以在获得快速成长的同时，迅速地驾驭班组长的角色。

第二节　"搞掂"老员工

● 在分配任务的时候，有的老员工总不配合我的工作，我该怎么办？

● 自从升职后，以前跟我比较要好的几个同事就开始疏远自己，这是怎么回事？

● 原来的老员工变成下属，我该如何处理跟他们的关系呢？近也不是远也不是，真让人头疼！

新班长日志

201×年3月4日

做班长有一段日子了，随着我对班长角色的逐步适应，工作上有了一些进展，但新问题又出现了，那就是：我该如何跟班组成员，尤其是老员工处理好关系？

自从我当上班长之后，整个班组，包括以前和我关系要好的同事都开始疏远我，老员工张师傅的表现尤为明显。说实话，张师傅是班组的老员工、老师傅，甚至算得上是我的半个老师。刚来班组的时候，张师傅和大家一样，平时跟我有说有笑，工作上也是互相帮助，关系很是融洽。可自从我担任班长之后，张师傅对我的态度就变了，不仅话少了，不和我说笑了，甚至经常在工作时跟我对着干，一点儿也不配合我的管理。

这不，问题又来了。今天下午，在灌浆作业结束后要冲洗甲板，按照分工，我安排张师傅负责打开消防水栓，他却表现得非常不配合，连说三遍都不动，最后还是我把水龙管线连接好，又自己去开消防水栓。

面对着这难剃的"刺儿头"，我真的是没办法了。唉，我该怎么办呢？

老班长经验

午饭休息时，看着小王愁眉紧锁地从自己身边走过，都没有认出自己。老肖拦住了他，关心地问："怎么了，发生什么事情啦？"小王便把自己的苦恼跟老班长一一倒了出来。

"哦，是这样啊。"老肖笑了，"你知道吗？由于的确存在资历和经验的差距，很多老员工都容易产生'为什么升职的不是我？'的想法，并因此产生各种抵制行为。对于每一个走上班长职位的年轻人来说，你们都要过'如何处理好与老员工的关系'这一关。以往的很多经验告诉我，遇到这样的情况，一味地简单批评或妥协退让都不能解决问题。"

"哦，原来是这样啊。我就是采取妥协退让的方法，但好像张师傅并不领情。"

"是啊，我以前也遇到过同样的问题。当时我就是在张博士的指导下成功处理这个问题的。喏，这是他给我开出的'药方'，我还留着呢，咱们一起看看吧。"

张博士点评

一般来说，无论是从资历还是工作经验方面，老员工都无疑是班组工作的重要骨干。对于他们来说，面对年轻新秀的提升，他们在内心很容易会因为对自身价值的怀疑而产生一种失落感，并表现出抱怨、挑衅、抵抗等消极反应。

老员工为什么不服从？

对于新班组长来说，首先要弄清楚，老员工不服管理或抵制自己的原因是什么？通常以下三种想法可能会造成他们的消极反应：

① 觉得公司不公平，自己过去表现得不错，凭什么弄一个年轻人来管理自己？

② 自认为比领导能力强，不服从管理。

③ 自由散漫，本身个人素质存在缺陷，不喜欢听从指挥，不懂得上下级游戏规则。

针对以上三种情况，第一和第二种老员工是班组长要面对的主要对象。因为对于每一个新上任的领导者来说，下属中自认为资历较老的人，通常都会对领导者表现出挑衅和不服。这是存在于各个行业的普遍现象。

对于第三种情况，这种人并不多见，处理时建议可以采取首先私下沟通解决，沟通不成后再请上级领导协助解决的方法。

张博士支招

（1）平和心态，换位思考看待问题

"这个人的品质非常恶劣，简直没救了！""××老跟我过不去，我一定跟他没完！"……实际上，当我们内心充满这些想法的时候，受已有偏见的影响，很难跟老员工达成和解。也正因为如此，班组长解决这一问题的首要一步就是：平和心态。

毋庸置疑，老员工往往是班组工作的骨干。面对他们的故意挑衅或消极抵抗，班组长要学会换位思考：如果有一天身边资历浅的后辈成为我的领导，我会有什么感觉？班长需要深刻意识到，对每一个深感"内心不平"老员工来说，他们的感受和反应都是正常的，也都是可以经过调节来消除的。

（2）主动沟通，倾听老员工的心声

遇到老员工不服或不配合时，很多班组长在委屈、愤怒等情绪的作用下，会做出很多过激的反应：当众怒斥老员工，用权力压制反抗；针锋相对，与老员工发生激烈冲突；一味忍让，对老员工的挑衅忍气吞声……事实告诉我们，上面的这些方法不仅不能帮我们解决问题，反而可能会让问题更加恶化。

那正确的方法是什么呢？在双方都方便的时候，单独约对方一起吃个饭或休息时单独沟通一下无疑是很好的方法。在这里，需要你注意的是，要以平等友好的姿态，向对方讲出你当下面临的问题，并向他请教解决问题的办法。对此，你可以尝试这样说："作为一个新人，我现在的工作开展得比较被动，所以特别需要得到像你这样的老朋友（或有能力的人）支持。在过去一段时间，我的工作方式和态度或许会有做得不合适、不够好的地方，请告诉我，我一定尽力改进。"相信只要你说出这样一段话，对方一定会感动于你的真诚而说出自己内心的真实想法。

（3）有效激励，提高老员工的积极性

说到激励，对于班组而言，更多的是精神激励。而对于老员工来说，适当的精神激励，给足他们"面子"，无疑就是给你增加了一名好帮手。

比如，在适当时候，你可以把班组一些会议或指令的传达工作交给他去做，让他感到自己被尊重和被认可；你可以就班组管理的一些简单问题，向他请教经验，如：经常有人会议迟到，你看怎么解决好呢？然后在下次会议的时候再把这个问题提出来，并点名让他说出自己的对策和想法，让他参与到管理中来；当老员工犯错的时候，你可以采用先表扬后批评最后表期望的方法，照顾对方的"面子"；而如果对方告诉你，他觉得公司不公平，那你大可直接告诉他："世界上没有绝对公平的事情，如果你认为自己的能力很强，相信你只要好好干，未来就一定可以走上更高的管理岗位。"

心理知识百宝箱

"南风效应"

法国作家拉封丹曾写过一则寓言，讲的是北风和南风比威力，看谁能先让路人身上的大衣脱掉。北风首先来一个冷风凛凛、寒冷刺骨，结果路人为了抵御冷风的侵袭，反而把大衣裹得更紧了。轮到南风了，它徐徐吹动，顿时风和日丽，路人因为觉得很暖和，所以开始解开钮扣，继而脱掉大衣。

这就是"南风效应"。北风和南风的目的都是使路人脱掉大衣，但由于方法不一样，结果也就大相径庭。因此，当我们在严厉地批评下属，为了不同意见和同事争吵的时候，请想想败阵的北风，也许是我们考虑换一种方式的时候了。

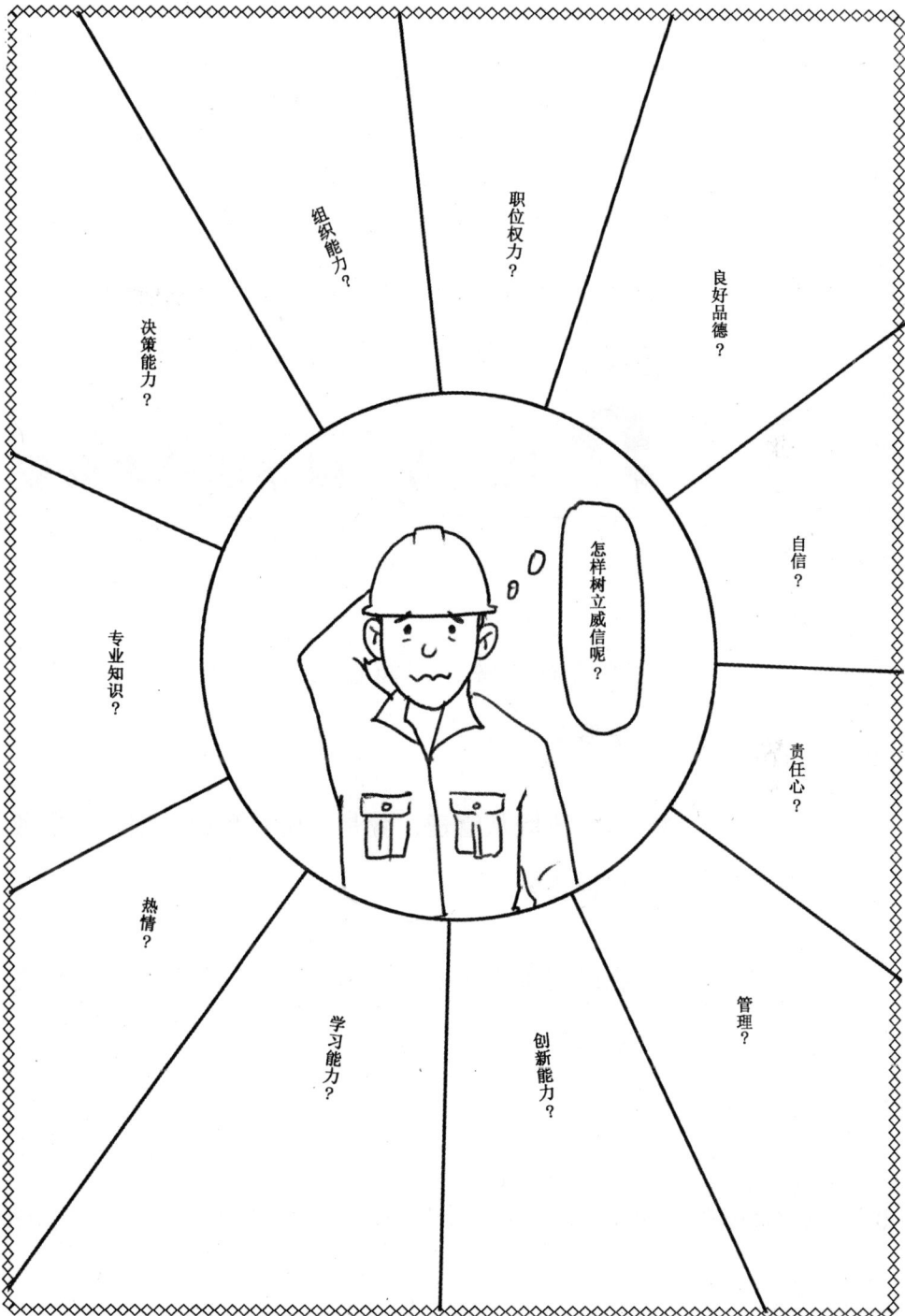

第三节　树立领导者形象

● 我该怎么做，才能在员工中树立起自己的威信呢？

● 有人不服从管理，我是该坚持我的原则，还是做出让步？

● 在班组管理中，树立威信和以权压人是互相矛盾的吗？

新班长日志

201×年3月18日

如何才能成为一名优秀的班长呢？这几天我一直在思考这个问题。虽然现在班组工作开展得越来越顺，但我已深深意识到，要在员工面前树立起自己的权威形象还真不是件容易的事情。

这不，问题又来了。今天在工地上我安排小军开5号车，他不听，非要开3号车，但3号车本来就没有活儿，而5号车的工作则时间紧、任务重。我耐着性子，问他有什么原因和想法，他什么都不说，而且态度也不好。对于小军，我之前就听说他经常爱要性子，上一任班长拿他没办法，但如果我也不管不问，那还会不会有下一个小军出现呢？因此，我拿定主意，严格要求他，采取了停岗停奖金并去办公室反省的处理，但小军却并没有承认错误，反而在休息室里玩手机，给其他同事也带来很不好的影响。最终，在上级领导的批评和教育下，小军口头承认自己的错误，并服从我的工作分配。

唉，如何才能在班组中树立自己的权威形象呢？面对这么"刁蛮"的员工，想想就头大，我该怎么办呢？带着深深的失落与挫败感，小王又找到了张博士，希望能从他那里得到一些有效的指导和建议。

张博士点评

"如何才能让下属员工服从自己的管理，组织好班组的工作？相信这是每一个班组长都曾经为之苦恼和深受困扰的问题。实际上，树立领导者形象就是班组长提升领导力的过程。"张博士拍着小王的肩膀说，"那什么是领导力呢？其实很简单，领导力即影响力，也就是通过你的领导影响员工和班组共同努力实现预定目标的能力。对于班组长来说，领导力是保证工作顺利开展的最重要基础。当前，你的问题表面看是如何树立领导者形象，但实质却是领导力的培养问题。"

听到这里，小王似懂非懂地点了点头，张博士接着说："我们一起来看看决定领导力的奥秘所在吧！"

班组长的领导力

在班组中，当班组长能对员工产生影响力，使之愿意追随他的时候，他便具有了领导力。领导力主要来自两个方面：

① **来自于职位权力。**这是一种强制性的影响力，主要表现为员工在心理和行为上的被动接纳和服从，因此，这种影响力的激励作用是有限的。

② **来自于个人权力。**这是一种自然影响力，它来自于领导者自身的能力、品格等个人因素，员工会表现出公开和私下的顺从、内心的认同和信服。这种权力通常不会随着职位的消失而消失，它对人们的影响是发自内心的、深远的。

研究发现，一个领导者的成功，有99％来自于领导者的个人权力，仅有1%来自于职位权力。

领导者的个人权力主要包括以下三种来源：

品格因素：包括良好的品德、热情、自信、主动性与责任感、韧性等。

能力因素：包括组织能力、决策能力、学习能力和创新能力。

知识因素：包括专业知识、管理方法。

张博士支招

（1）全面分析问题，充分利用职位权力

不服从管理、跟自己对着干、对工作执行不到位……在班组管理中，我们或多或少都会遇到这些难缠的"拦路虎"。面对这些棘手的问题，你是否会感到大为恼火呢？不，在你发火之前，请先冷静一下。因为，在未全面把握问题的情况下，我们很容易做出错误的判断，并因而让员工感觉你"以权压人"。

我们该如何有效应对呢？首先要通过各种途径全面地搜集信息：为什么会出现这个问题？员工是一种什么样的心态？……只有在全面认清问题本质的基础上，我们才能做出正确的判断。在此基础上，对于班组管理中的原则性问题，如班组纪律、日常工作分配、考勤等，你大可以适当地"硬"一点，通过相应的奖励和惩罚来表明自己的"底线"，并在必要时寻求上级领导的支持；而对一些非原则性的问题，你不妨采取"软硬兼施"的方法，在以制度保证正常工作进行的同时，通过沟通开导、双方协调等方法来解决问题。

（2）不断提升自己，发挥领导者的个人权力

① 威信来自于点滴积累。

威信的树立并不是一件简单的事情，我们必须从小事做起，在点滴积累中

逐渐树立起自己的威信。作为班组长，你的一言一行都会对员工的心理产生潜移默化的影响，并最终影响班组的绩效表现。

在日常工作中，威信也许来自于你处理问题时的当机立断与从容果敢，那一刻，你让员工感到由衷的信服；也许它来自于你对员工的耐心指导与建议，那一刻，你让员工感到无尽的支持；也许它来自于你与员工共同解决问题时的团结一致，那一刻，你让员工感到信心与力量……领导者权威形象的树立并不是一朝一夕的事情，它需要在漫长的时间中不断加以印证与巩固。

②权威来自于良好的情绪管理。

对于班组长来说，面对班组管理中可能出现的各种问题，良好的情绪管理能力无疑是促进班组和谐的重要基础。事实证明，如果班组长自己工作起来都无精打采，那他的班组就不会有高涨的士气；如果班组长经常对工作充满牢骚和抱怨，或者对上级有抵触情绪，那么到了员工那里，就会加倍地放大这种消极情绪。

一名优秀的班组长要学会驾驭自己的情绪：在各种突发事件的现场，在各种关键时刻，要具有较强的自控能力，做到不意气用事、不动辄发怒、不反应激烈。当你感觉压力大、情绪烦躁时，不妨尝试握紧拳头，心中默数10下的方式；或离开事发场所，先从事其他工作来平和情绪，这些都是很好的情绪缓解办法。

③领导力来自于"真才实学"。

除了班组管理，你在其他工作上是否也是一个行家里手呢？要知道，班长体现自己权威的一个重要方面，就是用行动说话，以业绩树立权威。人们平常所说的"是骡子是马拉出来遛遛"就是这个道理。只要有真才实学，只要有能力做出令人瞩目的业绩，何愁没有威信呢？

在专业知识上加强学习，不断拓宽专业视野；在专业技能上精益求精，认真细致地完成工作；在管理上开拓进取，不断总结经验，学习新知识……你的杰出表现，无疑就是领导力的最好说明。

"权威效应"

"权威效应"，又称"权威暗示效应"，是指一个人如果地位高、有威信、受人敬重，那他所说的话及所做的事就容易引起别人重视，并让他们相信其正确性，即"人微言轻、人贵言重"。"权威效应"的普遍存在，首先是由于人们有"安全心理"，即人们总认为权威人物往往是正确的楷模，服从他们会使自己具备安全感，增加不会出错的"保险系数"；其次是由于人们有"赞许心理"，即人们总认为权威人物的要求往往和社会规范相一致，按照权威人物的要求去做，会得到各方面的赞许和奖励。

美国心理学家曾经做过一个实验：在给某大学心理学系的学生们讲课时，向学生介绍一位从外校请来的教师，说这位教师是从德国来的著名化学家。试验中，这位"化学家"煞有其事地拿出了一个装有蒸馏水的瓶子，说这是他新发现的一种化学物质，有些气味，请在座的学生闻到气味时就举手，结果多数学生都举起了手。对于本来没有气味的蒸馏水，由于这位"权威"化学家的语言暗示而让多数学生都认为它有气味。

在管理过程中，班组长也可利用"权威效应"去引导和改变员工的工作态度和行为，这往往比命令的效果更好。当然，要树立权威，就必须要先对权威有一个全面、深层的理解，掌握树立权威的方法和能力，这样才能树立起有效的权威，才能让权威保持得更加长久。

第二章

个性十足"你、我、他"

　　"人如其面"，每个人都有不同的性格。身为班组长，你秉持怎样的管理风格？在带领班组时，你能否根据员工的性格因人而异地施加管理？

　　知彼知己，方能百战不殆。了解自我，认识员工，也许这就是你成功的开始。

主题

　　自我认知、了解他人

蔚蓝之爱·从心开始

第一节　我是什么样的人

⬢ 在其他人的眼中，我是一个怎样的人？

⬢ 为什么总是感觉跟员工之间有层隔膜，无法真正
融入到他们中去呢？

⬢ 如何在班组管理中发挥我的性格优势，并避免不
足呢？

新班长日志

201×年4月1日

担任班长有一段时间了，员工开始接纳我，领导也对我的工作表示认可，一切似乎都步入了正轨。由于之前没有管理经验，因此我在班组管理上一直抓得比较紧，要求也很严格。但问题就来了，虽然我一直努力放下身段，试着跟其他人搞好关系，但似乎收效并不大，总感觉跟他们隔着层什么，彼此间过于客气。

最近一段时间，由于管线安装进度落后，我心里真是火急火燎的。这当口小徐要跟我请假，说身体不舒服想回家休息一下，要在平时我或许还会关心地问几句，但现在是什么时候啊！我当时就很不客气地说了他几句，也没有准假。当时他没说什么就回去继续工作了。

三天过去了，我发现虽然大家都没有请假，但似乎每个人都闷闷不乐的，工作热情也很低。万般无奈之下，我只好找之前很要好的同事小刘了解情况，小刘说："班长，其实我们和你一样都很着急都想把活干完，但说实话，你对工作的要求实在太苛刻了，我们都觉得特别累。"小刘的话一下子让我明白了问题的所在。原来，大家的压力不是来源于工作而是来自我啊。听小刘说了很多大家对我的意见，我心里难受极了。唉，我平时怎么没有意识到这点呢？

张博士点评

　　我是一个怎样的人？为什么大家会这样评价自己？这个问题一直缠绕在班长小王的心头。带着重重的疑惑与深深的焦虑，小王找到了张博士，希望能从他那里得到一些专业的指导和帮助。

　　听小王讲述完事情经过，张博士拍了拍他的肩膀，笑着说："不要泄气，只要努力，我们就一定可以找到解决问题的方法。管理学大师彼得·德鲁克曾说过'认识你自己'。这句话看似很简单，却蕴含了无限的智慧。对于一个班组长而言，有一个清晰的自我认识无疑是他成功管理班组的重要基础。"

　　看着小王似懂非懂的神情，张博士接着说："下面我们来看一看问题的根源在哪里。"

自我评价与他人评价的差异

　　我是一个怎样的人？相信很多人都曾考虑过这个问题。你是如何评价自己的呢？

　　正确的自我认识一般包括两部分：通过自己的回顾和总结来认识和评价自己；通过他人的评价或与他人的比较来认识自己。

　　那小王在班组管理过程中是什么地方出了问题呢？原因其实很简单：

我眼中的自己	他人眼中的自己
为人踏实、稳重	为人踏实，但有些过于死板、不灵活
工作认真、追求完美	过于注重细节、要求苛刻
脾气毛躁、易发火	脾气坏、不接受意见

很明显，小王的自我评价和来自员工的评价间有着较大的差距，之所以会这样，就是因为小王忽略了他人评价对自我认识的重要性。

正所谓：人如其面，各有不同。每个人都会以不同的标准来组织工作和处理问题，正如班长小王遇到的问题，工作认真是他一贯引以为傲的优点，但人与人是有差别的，如果总以自己的标准来要求所有人，就容易给对方带来压力。你可以做到的事情，并不代表别人都应该做到；你认为正确的事情，不代表别人也持同样意见。

实际上，班组管理过程中的很多问题，都在一定程度上与班组长忽略他人的评价，缺乏客观、全面的自我认知不无关系。

张博士支招

在班组管理过程中，对员工的高要求、严管理是非常必要的。但关键在于，你的"高"和"严"是否能被员工所认可和接纳，方式、方法是否得当？要实现对班组的有效管理，班组长就要有一个清晰的自我认识。

（1）加强与员工的沟通，调整自我认知

也许，你认为做事就是要认真负责，追求完美，但员工可能会觉得你很苛刻，并因而产生压力；也许，你认为班组长就是要表现出足够的威严，但可能你表

现出来的方式会让人感觉是霸道、粗暴，并心生反抗。每个班组长都会根据自身的性格、喜好采用不同的管理风格与方法。那你的管理方法是否得当，你所认可的标准是否适用于班组其他人呢？要知道，凡事有度，过犹不及。当我们把自己的标准生硬地套在员工身上时，必然会招致他们的不满与反抗。而唯一的解决之道就是：多跟员工沟通，了解他们对你的管理方法的意见与建议，并以此为依据，不断调整自己的管理理念和方法。

（2）挖掘自身优点，在管理中有效运用

请回答这个问题：你的优势，即目前已经表现出来的能力与潜力是什么？简而言之，也就是你学习过什么？你曾经做过什么？最成功的是什么？

如果你能很好地处理与员工的关系，说明你有出色的人际管理能力，那你不妨以此为切入点充分带动员工的工作热情；如果你能把班组工作安排得有条不紊、科学合理，说明你的组织、协调能力较强，那你不妨在班组工作外多给大家组织些娱乐活动；如果你能充分调动起员工的工作热情，说明你的领导力或感染力不错，你不妨适当地把一些工作下放给员工，给他们成长的机会。充分发挥自己的长处，将之施展出来，能让大家更好地看到你的能力。

（3）发现自身不足，在管理中有效弥补

你也许听说过"木桶效应"：一只木桶能盛多少水，并不取决于最长的那块木板，而是取决于最短的那块木板。有时候，决定我们发展高度的并不是自己的优点，而是自己的不足。因此，发现自身的不足，并在管理中加以有效弥补，是每一个班组长应该解决的重要问题。

如果你的脾气比较暴躁，经常通过大声训斥，甚至责骂员工来管理工作，那么你的火爆脾气就会完全抹杀你实际上对工作负责、追求完美的认真态度。每次想当众发怒的时候，你不妨尝试先暂时离开一会儿，让自己冷静的同时也给出错的员工留些思考的空间与时间。

心理知识百宝箱

有关"镜我"

"镜我",是指我们根据他人的判断而反映出的自我概念,即我们从镜子(他人评价)中看到的自己。心理学家米德认为,我们所隶属的社会群体是我们观察自己的一面镜子。他人的态度、评价对自我概念的形成起着非常重要的作用。因此在生活中,我们要留意来自身边的人,比如父母、朋友、同事等的多方面信息,这样我们才能够逐步形成对自我全面客观的认识。

全面客观地认识自己,是形成积极自我概念的基础。既要看到自己的优点,也要看到自己的缺点,并能客观地给予评价。要做到这一点,除了自己对自己的评价,还要注意从周围人身上获取关于自己的信息。

抑郁质

多血质

黏液质

胆汁质

第二节　你的个性我有数

◈ 面对同样的工作，为什么大家的反应会有这么大
　的差别呢？

◈ 每个人都有不同的性格，跟他们打起交道来真累，
　我该怎么办？

◈ 工作过程中，面对大家的不同表现，我该如何有
　效协调来促进班组和谐呢？

新班长日志

201×年4月15日

俗话说：人如其面，各有不同。在当上班长的日子里，我充分理解了这句话的含义。在班组中，每个人都有着不同的性格、态度和处事方式。而在班组管理过程中，面对大家的不同表现，我经常会感到无所适从、不知道如何下手。

就拿班组里的"二王"来说吧，年龄略大的大陈，绰号"大王"，工作有好几年了，干活儿是挺卖力，但脾气也火爆，太重义气，遇到同乡或兄弟受欺负了，二话不说，直接拉一帮人就去打架，为此挨了不少处分；"小王"姓孙，认真起来干活儿也很卖力气，但总爱耍小聪明，偷懒耍滑总少不了他，对衣着打扮倒是挺上心，特别爱漂亮，天天没事就照镜子，要是能把这精力放在工作上就好了。

因为这"二王"，班里面真是状况连连，工作效率总也提不上去。为这我没少找他们谈心，但都只是短期奏效，时间一长肯定本性毕露。唉，总这个样子怎么行呢？我该怎么办呢？

老班长经验

正当小王愁眉不展，不知该怎么办的时候，他突然想起了老班长。想当年，自己刚参加工作的时候那也是个"刺儿头"，是在老班长的不断启发、教育下，自己才改掉了很多坏毛病，通过努力工作走到今天的。走，去找老班长取经去！

听小王讲完自己的问题，老班长笑着说："是啊，就像你说的，每个人的性格都千差万别，每个班组中似乎也总有那么几个'刺儿头'，管理起来的确会增加很多困难，但其实，正是这种不一样才给了班组更多的活力与潜力。而要管理好班组，我们的首要工作就是要了解我们的员工，包括他们的性格、处理问题的方式、优势和不足，只有这样我们才能在管理中做到因人而异，采取不同的沟通方式和处理方法。"

"不过，说到这个，张博士才是真正的专家，我们一起去找他咨询一下吧。"

张博士点评

听了老班长和小王的话，张博士笑了："其实，你们问的这个问题几是乎所有管理者都会遇到的困惑。手下人这么多，每个人又都各有各的特色，同样的管理方法对有的人奏效，对有的人却收效甚微；同样的处理问题方法，有的人能坦然接受，有的人则会反应强烈。基于这个原因，班组长要学会了解自己的员工属于什么性格类型，有什么样的优势与不足，对待挫折会采取哪种应对方式？只有知道了这些，我们才能'量体裁衣'，根据每个人的特色施以不同的管理。"

人 的 气 质

你是否发现，在工作和生活中，有的人活泼好动，反应灵活；有的人安静稳重，反应迟缓；有的人则十分急躁，情绪外露；还有的人不动声色，情绪体验细腻深刻。那是什么导致了这种差异呢？答案就是——气质。

气质，也可以理解为我们日常所说的"脾气"、"性格"、"性情"。它与生俱来，因而很难发生改变。俗话说："江山易改，本性难移。"它说的便是气质的稳定性。气质本身并无优劣之分，但它会影响一个人处理问题的方式方法，进而对工作性质、工作效率有一定的影响。

对于气质的分类，心理学上最为常见、简单有效的划分方式便是古希腊哲学家希波克拉底开创的"气质类型学说"。希波克拉底将气质分为胆汁质、多血质、黏液质、抑郁质四种类型，而员工间的很多表现差异便是气质不同所致。

不过，在这里需要提醒你的是，通常情况下只具有某一气质类型的人是很少的，大部分人往往都是以某一类型为主，兼有其他类型的某些特点。

张博士支招

那在班组管理过程中，我们该如何界定下属员工的气质类型，胆汁质、多血质、黏液质、抑郁质四种类型都具有什么样的特点呢？下面张博士将为您详细讲解各种气质类型的性格特点，以及可观察到的行为特征，我们来一起看看吧。

（1）胆汁质

性格特点：这类人的最核心特征是直爽与感情用事。情绪易激动，反应迅速，行动敏捷，暴躁而有力；性急，有一种强烈而迅速燃烧的热情，不能自制，且不善于考虑能否做到；工作有明显的周期性，能以极大的热情投身于事业，也准备克服或正在克服通向目标的困难和障碍，但当精力消耗殆尽时，便极易失去信心，情绪顿时转为沮丧，往往会"虎头蛇尾"以失败告终。

行为特征：做事风风火火，动作迅速，但易着急、忙乱；字写得比较大，精力旺盛，但来得快去得也快；行动力强，"坐不住"，不太注意礼貌和倾听。

代表人物：张飞、李逵。

（2）多血质

性格特点：这类人最核心的特征是多变与不稳定。他们的灵活性很高，有独立的见解，对于一切感兴趣的事物都抱有极大的热情，工作中喜欢找捷径，创造性比较强，但往往不能维持很长时间，所以通常爱好广泛而没有专长；很容易受环境的影响，情绪不稳定，喜怒多变，且常会不守信用；工作适应能力强，善于交际，容易接受新事物，但不太注意细节，也受不了一成不变的生活，因此极易因为见异思迁而表现得略显轻浮。

行为特征：活泼爱动，表现自信，着装非常漂亮、讲究仪表，但家里可能会很乱，除非有客人来才会收拾，并把所有来不及收拾的东西藏到不易被客人看到的地方。

代表人物：孙悟空、王熙凤。

（3）黏液质

性格特点：这类人的最核心特征是沉稳、严谨与保守。他们习惯忍耐，富有理性，能克制冲动，严格恪守既定的工作制度和生活秩序，并善于完成需要注意力高度集中的工作；对工作考虑周到细致，往往"三思而后行"，能坚持执行自己做出的决定；灵活性较差，往往按照已有的习惯处理问题，因而不容易适应新的环境与工作。

行为特征：衣着整洁利落，"中规中矩"，风格比较保守；行动拘谨，为人温和，情绪稳定且不外露；人际交往中经常沉默寡言，显得比较冷淡、缺乏活力；在工作中动作缓慢而沉着，很有条理，但反应比较慢，也不善于随机应变，往往是"你有千般妙计，我有一定之规"。

代表人物：诸葛亮、林冲。

（4）抑郁质

性格特点：这类人的最核心特征是内向与细心。性格胆小孤僻，好静，多愁善感，但绝不轻易向外流露；善于发掘生活中的细小事物，善于领会周边人的想法与感觉，却又不善于与人交往；工作中做事踏实认真，不轻易许诺，但在处理事情时总显得信心不足，优柔寡断，面临危险时会感到极度恐惧。

行为特征：做事重细节，整洁而有条理，逻辑推理能力较强；善于观察他人不容易注意的细节，字写得较小；情感脆弱，易伤感、沮丧，不喜欢抛头露面。

代表人物：林黛玉。

看到这里，您是否已经知道了呢？绰号"大王"的大陈，他的气质以胆汁质为主，因而会表现出好感情用事、冲动好斗、热情如火的性格特征；而绰号"小王"的小孙，他的气质则以多血质为主，因而会表现出活泼好动、欠缺毅力、注重仪表等行为表现。

你的员工都具有哪些气质特点呢？

心理知识百宝箱

"刻板效应"

又称"刻板印象"，是指个体对某类人或某种事物产生的一种比较固定、简单且笼统的印象。"刻板印象"是我们在无意之中使用的一种心理定势，它一旦形成便难以改变。因此，在我们评价员工气质类型的时候，要注意避免受刻板效应的影响，导致片面评价。

某些时候，这种心理定势能够帮助我们更快地对人或事物做出快速、初步的判断，节省时间和精力，但更多的时候，我们会犯下"以偏概全"的错误，阻碍了对某个人或某种事物的正确评价。

聪明机灵、冲动鲁莽、内向胆怯、反应迟钝……在工作过程中，我们经常会根据员工的表现对他们做出一个评价，贴上各种"标签"。不过您知道么，这些"标签"往往只反映了员工的某些特点，是很不全面的。因此，当我们受"刻板印象"的影响，用这些固化的"标签"来评价当下的员工，而忽视了我们在实际接触中获得的自身体验和感受，就很容易做出错误的评价或判断，进而影响到我们在管理员工、处理问题时的态度和行为。因此，在日常工作和生活中，请尽量避免"刻板印象"的作用，这将有助于拓宽我们的思路，以更加全面的视角去看待身边的事物。

第三节 "看人下菜碟儿"

● 同样的工作，不同的性格，我该如何根据个人具体情况进行管理呢?

● 如何通过个性化的管理减少或避免员工的工作失误呢?

● 每个员工的优缺点都不同，我该如何帮助他们提升优势，改正缺点?

新班长日志

201×年4月29日

　　通过张博士的指导，我知道了气质的四种分类，也学会如何对员工的气质做一个大概的划分。但最终的问题还是没有解决，我该如何根据不同员工的气质特点施以不同的管理方法呢？

　　本来想下班后再去找张博士请教的，可今天又出问题了。

　　今天上班后不久我就发现，小孙很不在状态，活儿做得一塌糊涂。我看见了便赶忙把他叫下来，想问问是不是有什么困难需要帮助。谁知我刚开了个头，他就满口"知道了，以后好好干"，然后准备回去干活儿了。这让我觉得他态度不好，于是便拉他一起坐下来语重心长地谈了半天。之后他的工作质量立马有了改观，一整天都表现得很不错。我心里面偷偷地乐了，嘿，这招儿真灵！

　　下午检查的时候，员工小徐又出问题了。说到小徐，那是出了名的"闷葫芦"，平时少言寡语的，工作还算认真，做事也比较沉稳。也不知怎么回事，今天的他似乎很反常，工作时老是出错。看着他的"杰作"，我真是又气又急。把他叫过来，问他是不是有什么需要帮助，可他一直低着头，半天也不说话。这样僵了一会儿，我就火了："你是聋子还是哑巴，给点反应行不行？"可他却只是朝我点了点头，轻声地飘出"知道了"三个字，搞得我一点脾气都没有。

　　唉，看来对不同性格的员工使用同样的管理方法真的行不通啊。不行，我得马上去张博士，请他指点我几招。

张博士点评

听了小王的叙述，张博士笑着问："上一次我们学习了气质的不同类型，你认为小孙和小徐都是属于那种气质呢？"

"小孙嘛，很明显，他就是一个以多血质为主的人，头脑灵活，领悟力也强，虽然有时会偷懒可说一下就立马有改观，但也很容易重回旧态。至于小徐嘛，我感觉他的气质以抑郁质为主，性格比较内向、敏感，一直都是少言寡语的，谁也不知道他心里在想些什么，不过他特别沉稳，我感觉他应该也有一些黏液质的特征。"小王思索着说。

"嗯，分析得不错啊，看来上次的课挺有效果的。"张博士满意地点点头。

"通过上次的介绍，我们知道了，每一种个性都有其优势与不足，也正因为如此，需要班组长在管理过程中能充分发挥每个人的特长，避免或改正其不足，通过因人而异的指导实现班组工作的优势互补。"

各种气质在压力下的不同表现

工作、家庭、职业发展、子女教育……我们每个人都要面对来自不同方面的压力。但不知道你发现没有，不同气质的人对于同一个压力事件的反应是差异迥然的。

胆汁质：面对压力，性格急躁的胆汁质人的第一反应是固执、坚持己见。他们会坚持通过争论来说服对方，而如果对方仍不服气，就会继续与其争执，直到最终厌倦、回避为止，但回避后他们很难再恢复两者之间的关系。胆汁质者往往办事不考虑后果，比如通过欺负无辜来发泄不满等，虽然事后常会后悔，但也只是"虚心接受，坚决不改"。压力下由于他们经常处于紧张亢奋的状态，胆汁质者很容易患神经衰弱、头痛、失眠、胸闷、消化不良等身心疾病。

多血质： 活泼爱动的多血质人在压力下的第一反应就是：出击。他们经常会挑衅、攻击别人，这是他们面对压力时的普遍反应。如果这时施加的压力超过其最大限度，即使他们同意了对方的观点，以后也很难再缓和彼此之间的关系了。

黏液质： 安静沉稳的黏液质人在面对压力时往往会选择同意与回避。即使观点不同，他们也不太愿意与别人争论，而之所以会这样，是因为他们不屑于和对方争论。而当压力超过可容忍的限度时，他们就会变得非常专制。比如，严厉地告诉对方这是权威者的观点，没有必要再争论。

抑郁质： 敏感内向的抑郁质人在压力下的第一反应往往是回避。面对的压力越大，他们就越容易通过各种消极的方式来放松自己，比如玩游戏、聊天等。此外，抑郁质人往往爱拖延，喜欢把事情拖到最后去做。而当压力达到一定程度，迫不得已时，他们也会选择有力反击。

张博士支招

每一天，我们都要面对不同的压力：同事冲突、家庭教育、恋爱婚姻……这些都会影响员工的工作表现。面对管理中的各种"意外情况"，班组长必须要因人而异地帮助他们调整身心状态，从而实现班组工作的顺利开展。

（1）胆汁质

胆汁质员工精力旺盛、愿意投入，往往是班组工作中的积极分子。但同时，他们的任性、性急暴躁、粗心大意等性格也会对班组管理形成巨大的挑战。

因此，在班组管理过程中，面对固执的胆汁质员工，简单粗暴的批评和训斥往往会适得其反，更加激起他们的"斗志"。因此，当胆汁质员工还处于一种激动、紧张的状态时，建议班组长采取冷静、克制的"冷处理"态度，不与他们正面交锋，而是等其情绪平静以后再心平气和地通过摆事实、讲道理指出其错误。

（2）多血质

多血质的人虽然具有头脑灵活、学习力强、善交际等优势，但不专注、易分心、爱钻空子等特征也会让其成为班组中的"滑头"。

因此，对于多血质员工来说，管理要做到奖罚分明。当工作出错的时候，严厉的批评有助于他们改正错误；而当工作出色的时候，及时的表扬则会激起他们对工作的更大热情。同时，由于性格使然，改正后他们很容易会故态重萌，对此建议班组长及时监控他们的工作情况，对其表现进行"少说一点、多说几次"的"少食多餐"管理法。

（3）黏液质

由于具有沉稳严谨、注重条理、认真努力的特征，黏液质员工很容易成为班组工作的骨干，而少言寡语、性格倔强、原则性强的特征也容易让其成为特立独行的"老黄牛"。

因此，对黏液质员工要采取热情、细致、耐心的说服教育方法，而不能操之过急。这个时候，与其采用"雷厉风行"的批评教育，不如找一个空闲的时间，两人踏踏实实地坐下来推心置腹地谈心能取得更好的效果。因为，他们需要时间去细细思考你说的每一句话、提出的每一个观点，然后再逐渐地给你反馈。

（4）抑郁质

尽管抑郁质员工具有认真细致、观察力强、踏实认真等优势，但其所表现出的敏感多疑、胆小孤僻、优柔寡断等特征也很容易让他们成为班组的"边缘人"，受到忽视。

因此，对于抑郁质员工建议采用小心谨慎、不求全责备、不公开批评、多肯定多关心的方法。抑郁质员工往往比较敏感且缺乏自信心，因此在出现问题时，班组长一定要注意措辞，不要"一竿子打死"，因为一次错误而否定全部；也要避免公开批评，伤害其脆弱的自尊心，最好心平气和地进行私下交流，了解其问题和想法，对其进行开导和教育。为了增强其自信心，班组长可以多给他们创造表现的机会，并对其良好表现采取多表扬、多关心的态度。

心理知识百宝箱

"关系场效应"

在群体决策的过程中，成员的合作既可能产生增力作用，也可能导致减力作用。

正如俗语所说："三个臭皮匠，顶个诸葛亮。"这种情况下 1+1+1>3。这时，从班组成员的活动效率来说，成员间的合作对班组工作的影响是"增力作用"。

俗语也说，"三个和尚没水喝。"在这种情况下 1+1+1=0。这时，从班组成员的活动效率来说，成员间的合作对班组工作的影响是"减力作用"。

这种由班组中不同员工扮演不同角色所组成的群体内聚力或摩擦力，在社会心理学上，统称为"关系场效应"。

群体的"增力效应"和"减力效应"之间是可以相互转化的。三个臭皮匠之所以能和诸葛亮相抗衡，是因为他们充分发挥了各自的优势，合理分工并精诚合作，为了共同的目标而努力。而三个和尚中虽然每个和尚的能力都没有减退，但由于没有做好合理的分工，也没有把他们的积极性调动起来，最终三个和尚没人去挑水，这种情况下，不仅团体没有发展起来，个人的能力也受到了限制。

班组管理过程中，如何充分发挥员工的优势，实现班组合作的"增力效应"呢？了解员工差异，因人而异进行不同管理无疑是班组长需要学习掌握的要领。

第三章

┃团队制胜法宝┃

"团结就是力量"，身为班组长的你深知团队合作的重要性。但面对员工们有时产生的消极逃避、缺乏干劲儿等问题，你会如何激发他们的工作激情呢?

本章将为你解读打开员工内心激情的三把钥匙：榜样示范、有效激励、积极分子。

主题

有效激励、积极能量

蔚蓝之爱·从心开始

第一节　兄弟们，看我的

● 班组工作中，作为"头儿"如何才能真正成为员工心目中的领导者呢？

● 面对脏、苦、累的活儿，有的员工老是想逃避、推卸责任，我该怎么办？

● 亲力亲为，带头示范真的能调动员工的工作积极性吗？

新班长日志

201×年5月6日

最近，由于项目进度提前，我们的工作量增加了很多，任务压力特别大。这不，由于设备要 24 小时不停地运转，喷砂车间的磨料回收系统出现了问题。为了不耽误白天的生产，我们只能晚上进行维修。其实，维修工作并不难，这次却让我遇到了一个不小的挑战。面对脏、累、苦的工作，如何才能调动起员工的积极性呢？

晚上，我带着大家来到维修现场，用手电往下一照，整个地坑到处都洒满了铁锈粉末，能见度极低。于是我对他们说："我上去再拿几个大灯，你们先下去看看设备情况。"他们满口答应了。可当我拿着大灯回来的时候，却发现没有一个人下去，全在那里聊天胡侃。说实话，当时我心里很恼火，忍不住冲他们喊道："你们还站在这儿干什么，还想不想下班啦？"大家都没说话，但看起来都是一副很不情愿的样子。我拿过工具，自己先下到地坑开始忙活起来。过了几分钟，陆续的不少人都下来了，但还有几个人戴着口罩只是在上面看，嘴上还嘟囔着："我们在上面给你们递工具。"

虽然最终任务顺利完成了，但我心里疙疙瘩瘩的，总放不下这件事。班组工作需要所有人的努力协作才能顺利开展，在现实挑战面前，遇到他们的"畏难情绪"，我该怎么办呢？

老班长经验

我该怎么办？心情有些郁闷的班长小王想到了自己的老班长老肖。对，他肯定也遇到过这样的情况，跟他取取经去。

在对老肖道出自己的苦闷后，小王深深地叹了口气："说实话，我能理解他们的心情，天气又闷又热，地坑里到处都是铁锈，干完活出来肯定得变成一个个'泥猴'，没有情绪是不可能的。但关键是，面对无法逃避和选择的脏、苦、累工作，我该如何调动他们的工作主动性，让所有人都能积极投入工作呢？"

老肖笑了："你让我想起了我刚带领班组时的情景。记得刚上任那会儿，班组并不团结，工作分配时也存在挑肥拣瘦，抵触脏活、累活的情况。发现这一点后，我就在分配工作时，把积极性不高的几个人分到自己这一组手把手地带着他们一起做。时间一长，大家渐渐也就有了自觉性，问题也得到了解决。"

老肖的话让小王意识到了自己作为榜样以身示范的重要性。同时，老肖也建议他去找张博士，从心理学角度寻求一些专业的指导与建议。

张博士点评

在得知小王此行的目的后，张博士为他详细地讲解了榜样示范的心理学意义。

关 于 榜 样

俗话说，榜样的力量是无穷的。那在班组管理的过程中，榜样——即"班组长"都有哪些"力量"呢？

（1）榜样的教育作用

榜样往往具有激励、感染、号召、警醒和启迪的作用。当员工看到班组长的出色工作表现后，会在思想上受到教育，在感情上引起共鸣。同时，通过对班组长行为的观察和模仿，可以帮助员工发现自身的缺点和不足，并使原有的优秀品质受到鼓舞和激发。

（2）榜样的目标作用

榜样为员工提供了可以参照的目标模板。当员工将某个榜样确定为自己学习的模板后，他就会明确自己未来的行为目标，并进而采取积极的行动，使自己的行为与榜样保持一致。

（3）榜样的激励作用

心理学研究发现，当某种行为得到周围人的认可或奖励的时候，那么观察到这一行为的他人也会被激励，并试图重复得到奖励的行为。因此，在班组管理中，班组长一定要对工作中出现的各种"榜样"行为进行及时的奖励或表扬。同样，班组长作为"榜样"，在得到上级领导的表扬后，也要向下属员工传达对他们工作成绩的肯定与认可，从而达到激励员工工作热情、提高工作效率的目的。

张博士支招

在实际工作中，班组长往往是从一线的优秀员工中选拔出来的。作为工作上的"尖子兵"，班组长是实实在在可以成为员工榜样的。然而现实工作中，为什么很多班组长却并没有在员工心中树立榜样的形象，这是哪里出问题了？下面张博士将为你一一解读。

（1）身教重于言教

古人云：其身正，不令而行；其身不正，虽令不从。而在实际工作中，一位金牌班长也给出了相似的答案：领班，就是领着干活的班长，而不是指挥着别人干活的班长。

一项研究发现，表里不一、只说不做、不遵守与员工的诺言等几种行为对于班组长的榜样形象具有极大的"杀伤力"。面对员工在脏活、累活面前的逃避与抵制，班组长的最有效方法就是：以身示范，成为困难面前的第一人！

（2）理智应对

面对员工挑肥拣瘦、推卸责任的工作态度，班组长很容易陷入情绪失控的状态，以大声的呵斥、责骂，甚至处罚等强硬手段来促使员工就范。这味"猛药"看似很快就能见效，但殊不知，却也很容易导致员工阳奉阴违的逆反、抵抗心理，降低班组长在员工心目中的威信和地位。

怎样才是有效的应对呢？面对员工给出的"难题"，要学会以冷静、克制的态度来面对和分析问题。与此同时，你不妨试试这样说："我知道大家都累了一天了，天气很热、地坑里面也很脏，但工作就摆在那里，是我们所有人都要面对的，谁也逃脱不了。大家想不想早点干完回去休息啊？想的话就拿出你们的劲头来，今天忙完后我看看谁的表现最好，最后我们要选出两个人来，明天上午让他们多休息一小时，大家看怎么样？"

（3）做员工的"好老师"

美国著名心理学家班杜拉认为，人的一切行为都是在社会环境的影响下，通过对他人示范行为及其结果的观察学习而形成的。因此，员工往往会模仿班组长的工作习惯和行为方式，而不管其性质好坏。比如，一位班组长经常迟到，打起私人电话来没完没了，那他的部下大概也会如法炮制。

因此，班组长要注意自身形象，争取做一个合格的"好老师"。遵守公司规章制度，积极参加工作，戒除训斥和责骂员工的问题处理方法，改变拖延、粗心等不良工作习惯……相信只要做到这些，你就一定能成为员工心目中的合格"好老师"。

"观察学习实验"

著名心理学大师班杜拉曾经做过一个儿童模仿攻击充气娃娃的实验。在这项实验中，实验者先要求儿童观看成人攻打充气娃娃的视频。之后，第一组儿童看到的是这个成人得到奖赏，即实验者称赞他是英雄；而第二组儿童则看到成人受到惩罚，即实验者批评了他。之后，分别将两组儿童带入有充气娃娃的房间，让他们自由玩耍，而实验者则出来躲在单向玻璃后面观察他们的表现。

实验结果表明，儿童在实验过程中学会了模仿，即模仿成人的行为。与第一组儿童相比，第二组儿童在进入房间后，攻打充气娃娃的次数和倾向要明显降低很多。

就此，班杜拉得出结论，人的各种社会行为都是某种特定情境下，通过对榜样的示范行为及其结果的观察、学习而形成的。因此，班组长作为班组的领导者，要学会为员工营造一个良好的榜样形象，从而促进班组工作的顺利开展。

第二节　开启员工"心"能量

● 有没有既不增加公司成本，又能让员工努力工作的奖励办法？

● 在困难的工作任务面前，我该如何调动员工的积极性？

● 班组工作中，如何通过精神激励的方法调动员工的工作热情？

新班长日志

201×年5月20日

上周，钻井船项目组召开了一个生产例会，会议的议题之一就是要在当天晚上连夜加班敷设好1号钻井船SCR间的甲板敷料，以确保第二天调试工作的顺利进行。接到这个任务后，我深知这项工作困难重重：第一，最近班组人员一直在赶工，每天晚上都要加班到21点，身体已经很疲劳，如果再干一个通宵，大家肯定会有情绪；第二，由于事发突然，工程所需材料和保护材料都很难到位；第三，还要协调检验人员晚上值班报检。

会后，我把主要施工人员召集到一起，开了一个施工前的准备会。我对大家说："公司交给我们一项非常艰巨的任务，要求今天晚上敷设完毕SCR间的甲板敷料。我知道大家这段时间已经很辛苦了，希望大家再克服一下困难。"话刚说完，正如我事先预想的那样，大家的情绪都很激动，表现出了很大的反感。"早干什么去了，以前不让做，现在突然又这么急了！""80多平方米的面积，还要保护盘柜、打磨，能完成吗？"……大家你一言我一语，气氛一下变得很尴尬。

最后，尽管按期把活干完了，但大家都阴着脸，情绪很不好，我心里更别提有多难受了。由于工程巨大，紧急、额外的工作有时就在所难免。这时，我该如何激励大家，使他们的情绪朝着积极的方向发展呢？

张博士点评

思考了很久，小王始终没有一点头绪。于是，他决定去找张博士，向他请教正确激励员工的方法。

听小王讲完整个事情的经过，张博士温和地说："是啊，面对艰巨的工作任务和员工的不满情绪，我们该怎样实现有效激励呢？是不是只有物质奖励才有效？在开始解决这个问题之前，我们先来看一下国外有关激励的研究结果吧。"

对 于 激 励

美国心理学家赫茨伯格经过研究发现，工作中的激励可以分为两类：

① 物质类激励：包括公司的制度和政策、工资福利、个人生活、工作条件等多个方面。

② 精神类激励：包括领导的表扬、同事的认可、工作中的成就感等多个方面。

赫茨伯格认为，如果一个人的工作积极性按 100 分计算，用物质激励只能激发其 60% 的积极性，而另外的 40% 要靠精神激励。尤其对于年轻的员工，更需要通过精神激励来证实自己的价值，得到尊重和认可。

而相关研究也证实，在没有任何激励的情况下，员工一般只能发挥20%~30% 的能量；而在接受足够的激励后，则可以发挥80%~90% 的能量。

作为一名班组长，应该学会通过利用自己手中的权力，把这两种激励方法有机地结合起来，从而充分调动员工的工作主动性和积极性。

张博士支招

◇◇◇◇◇◇◇◇◇◇◇◇

为什么我们需要使用不同形式的激励方式？美国心理学家马斯洛提出的需要层次学说告诉了我们答案。他认为人的需要是分层次的，按从低级到高级分为生理需要、安全需要、归属需要、尊重需要和自我实现需要。

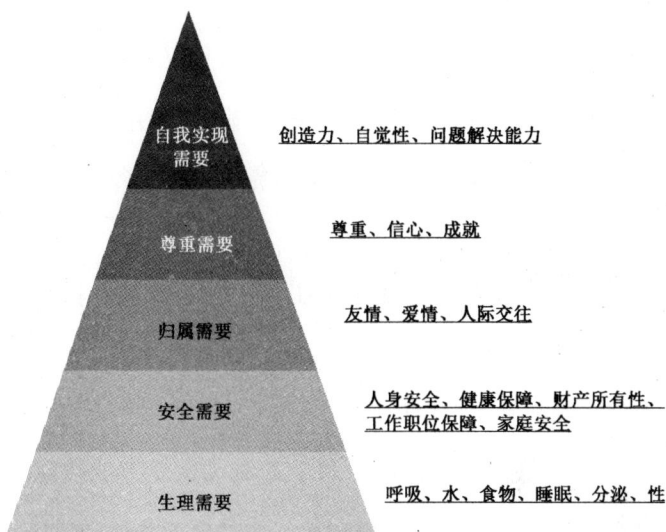

马斯洛需要层次图
- 自我实现需要——创造力、自觉性、问题解决能力
- 尊重需要——尊重、信心、成就
- 归属需要——友情、爱情、人际交往
- 安全需要——人身安全、健康保障、财产所有性、工作职位保障、家庭安全
- 生理需要——呼吸、水、食物、睡眠、分泌、性

其中，生理和安全的需要是人的最基本需要，只有当它们被满足后才能产生其他更高级的需要。而归属、尊重和自我的实现需要作为高级需要，对员工的工作表现有着尤为重要的影响。

在每一个时期，人的行为都会受一种主导需要的影响。作为班组长，需要了解两个事实：

① 不同员工的主导需要各不相同。比如，对于家庭经济紧张的员工来说，他的主导需要就是安全，即实际的物质、薪资、福利的需要；而对新员工来说，归属感和自尊的满足则是他们的首要需求。

②同一员工在不同时期的主导需要也会发生变化。比如，当新员工逐渐成熟，其归属和尊重的需要得到满足后，他们就会进而追求自我实现需要的满足，以证明自己的能力，实现自己的价值。

那在班组管理过程中，如何通过有效激励调动员工的积极性呢？张博士开出了这样一张"药方"。

（1）根据员工的需要层次进行激励

对于收入较低或经济负担过重的员工来说，班组长需要着重满足其安全和归属的需要。首先，要给他们创造成长、提高薪金待遇的机会。比如，根据工作表现向上级申请加薪，或鼓励其参加劳动竞赛，在技能得到提高的同时还能多得奖金。

对于老员工来说，他们往往更需要工作中的成就感和被尊重感。因此，班组长可以尝试通过给他们分配挑战性的工作，让其指导水平稍低的员工或者让他们参与班组管理来调动其工作积极性。

对于注重个人发展的员工来说，最大的激励就是专业技能的培训和提高。因此，除了向他们提供必要的培训机会外，让其完成高挑战性的工作，并及时给予工作指导也是很有针对性的激励方式。

（2）从员工内心所想出发进行激励

如班长小王一样，当工作中遇到诸如加班、脏活、累活等突发"难题"，而员工也满腹抱怨、不满时，怎样才能调动起他们工作的积极性呢？经验丰富的班组长都知道，与强制命令、指责训斥等"冷硬"方法相比，跟员工站在同一战线，根据他们的内心所想采取"柔性"激励无疑会有更好的效果。

或许，你可以尝试这样说："在整个钻井船项目中，大家都已经付出了非常多的努力。最近咱们一直在加班，我知道大家都挺累的，但大家想一想啊，我们已经坚持到了最后，之前所有的付出和努力不就是为了顺利完成项目吗？我们面临的施工是有困难，但如果仅仅因为最后这一点困难我们就放弃，不仅项目达不到结果，抹杀了之前大部分的成绩，也会因此改变公司对我们之前良好的评价，我觉得这样因小失大是非常不值得的。大家反过来想一下，如果在这么困难的情况下我们都能坚持完成任务，这样不是更能显示出我们班组的工作能力和水平吗？"

（3）"最便宜"的激励方式：赏识、认可员工

很多班组长在日常管理中常会疑惑，有没有什么不增加公司成本，又能真正起到激励作用的方法？答案很简单，那就是：赏识、认可你的员工。

在日常工作中请一定不要吝啬你对员工的认可与赏识：一个赞许的眼神、一句表扬的话语、一次亲昵的拍肩、一次推心置腹的交谈……这些都会给员工以极大的激励，也是成本最低廉、最行之有效的激励方式。

你可以尝试着这样做。拍着小徐的肩膀说："小徐，你干得真不错！"笑着对老张说："张师傅，你果然是一把好手啊，我算是服了你了！"这些话不仅会给他们带来工作的好心情，更会增强员工的信心，激发其自身潜能。

心理知识百宝箱

"反馈效应"

心理学家赫洛克曾做过这样一个实验：把被测试者平均分成三组，让他们在三种不同的情况下完成任务。

第一组，每次工作后都给予激励和表扬；

第二组，每次工作后，对存在的任何一点问题都要严加批评和训斥；

第三组，每次工作后都不给予任何评价。

实验结果显示，成绩最好的是第一组，而且成绩会不断上升，与第二组相比，

所有被测者都会更积极地学习；其次是第二组，但这一组的成绩不太稳定，波动性较大；而这两组的成绩都明显优于第三组。

及时的表扬和激励不仅能够提高员工的工作积极性，还能让他们在感觉被尊重、被理解的情况下知道自身问题所在，从而激发个人潜能，获得更大的成功。有效激励员工，激发个人潜能，作为班组长的你准备好了吗？快来试一试吧！

第三节　借力积极分子

● 在班组工作中，如何提高后进分子的工作技能，激发工作热情？

● 该如何在班组中培养积极分子，有什么好的方法吗？

● 我该如何通过发挥积极分子的力量，带动其他员工进步呢？

新班长日志

201×年6月3日

　　今天，我像往常一样早早地来到公司。"班长，这么早啊！"员工小陈笑着跟我打招呼。提到他，我就不能不夸奖几句。他工作认真、努力，性格也非常乐观，不管遇到什么难事，他总能笑着面对。因为他的出色表现，我已经在班会上表扬他好几次了。不一会儿，员工小徐也到了，像往常一样，他又是垂着头、皱着眉，一副无精打采的模样，这让我不禁皱起了眉头。坦白地说，我注意小徐有一段时间了，他工作能力很不错，也很认真，但却很消极，虽然总能完成交代的工作，但从不主动承担、要求任务。平时他也少言寡语的，我试着跟他沟通了几次，但他似乎很排斥，不愿意跟别人交流太多。

　　面对这个"老大难"，怎么办好呢？我脑子里突然有了一个主意：让小陈带着小徐工作。例会过后我给小徐分配了新的工作，让他负责指挥吊运。由于不善于表达，这种指挥的工作从没让他干过，而小徐似乎也很意外，有一些不知所措。为了防止他打退堂鼓，我接着说："你不要担心，这次我会让小陈协助你，我相信你一定会做得很好。我相信你。"小徐的眼光有些闪烁，但最终还是点头答应了。在小陈的指导下，小徐很快就熟悉了指挥吊运的工作，干得有声有色。而在之后的工作中，我也经常安排小陈带着小徐。看着小徐脸上越来越多的笑容，我想我的这个决定是正确的。

张博士点评

看着小徐的不断进步，班长小王开始意识到积极分子对班组工作的重要意义。那我们该如何培养、发掘更多的积极分子，并利用他们的影响力促进班组更好发展呢？让我们一起听一听来自张博士的指导和建议吧。

在班组工作过程中，你或许已经发现，在每个班组总会有一个或几个工作积极、乐观向上的积极分子，但毫无例外的，我们也总能发现那么几个不合群或"不上道"的"后进分子"。如何才能引领"后进分子"步入正轨，推动班组工作的顺利进行？

在这里，除了通过班组长的亲身示范和有效的精神激励外，利用积极分子的力量也是一个不错的方法。

谁是积极分子

很多班组长都会疑惑，如何才能发掘积极分子？其实，除了极少数积极分子是先天具有乐观向上、积极进取的性格特质外，绝大多数积极分子都是要经过培养和提升才能得到的。那么班组中有哪些人可以作为未来积极分子的"潜力股"呢？

（1）"非正式"小团体的领导者

在班组中，由于具有共同的籍贯、爱好或利益，难免会产生各种"非正式"的小团体，如俱乐部、老乡会、游戏组……而每个小团体都会有一个核心的领导人物，对团体中的每个人形成巨大的影响。如果通过积极引导，首先将这些领导者转化为积极分子，无疑

将成为促进班组工作的重要力量。

（2）性格耿直的"硬汉"

在班组中，你或许也曾见过这类被称作"硬汉"的人。他们性格耿直，有自己的独立见解，说话也非常直爽、坦诚。同时，他们很有个人原则，面对失败不轻易服输。在实际工作中，由于其过于耿直、直接的沟通方式，有时会引起领导和同事的反感，但实际上，如果能适当纠正其不足，这类人也可以成为积极分子培养的重要"潜力股"。

（3）"思想落后"的技术能手

技术很好，但是自由散漫，缺乏纪律性；精通业务，却总是把工作推给同事……在工作过程中，你是否也曾经遇到过这种"思想落后"的技术能手呢？不要着急，要知道，有时真诚的关怀和帮助往往比批评和教育更能打开他们的心扉。而一旦他们的思想变得积极起来，这些技术能手将会是班组中不可或缺的核心力量。

张博士支招

在管理过程中，积极分子作为班组工作的重要支撑，在带动班组中"后进分子"的积极性、培养良好的班组氛围以及克服项目难题等方面都有着举足轻重的作用。那么在班组中该如何培养积极分了，并利用他们的力量促进管理工作的开展呢？请看张博士给出的答案。

（1）有效指导，充分发挥积极分子的力量

由于积极分子具有能以一带一、形式灵活、感染力强等特点，因此他们在改造"后进分子"的工作中具有得天独厚的优势。而在一带一的实际工作中，班

组长也要加强对积极分子的指导，比如一起分析"后进分子"的性格特征，寻找导致落后表现的原因，讨论帮助、指导的方式等。

尤其需要注意的是，班组长要教导积极分子采用温和、谦虚、包容、耐心而非强势、高傲、批评的态度来帮助其他员工。否则，不仅会引起其他员工的反感，还会给班组工作带来更大的障碍。

（2）真诚关爱，实现"潜力股"员工的积极转化

带着小团伙通宵打游戏导致迟到早退，仗着自己有技术就自由散漫，过于耿直的性格总是引发同事冲突……看到这些"光荣事迹"，你或许已经不由皱起了眉头。如何才能实现"潜力股"们的积极转化呢？

俗话说："良言一句三冬暖，恶语伤人六月寒。"在帮助员工转化的过程中，与严厉的批评、教育和惩罚相比，温暖、真诚的支持和沟通更有助于员工敞开心扉。找一个合适的时间，与员工单独坐在一起好好地聊一聊，说说家庭、谈谈爱好，也讨论一下当前的困惑与问题。经过你的轻言安慰与真诚沟通，相信员工必然会因此受到激励，并促发他们向积极分子的快速转化。

（3）赋予责任，让积极分子体验到成就感

工作一离开自己的监督，就一定会出问题；自己天天就像消防员，到处救火，处处抢险……在抱怨员工"不给力"的同时，你是否曾想过问题的症结在哪里？答案其实很简单：班组长在工作中应该更多地培养积极分子的自发性和主动性。

赋予积极分子以适当的责任，可以激发其工作的热情，使他们更加积极主动地投入到工作的带头作用中来。参与制订工作计划、指导其他员工工作、提出更有挑战性的目标……当我们赋予积极分子更多的责任与权力时，会让他们体验到更多的成就感，从而激发其内在的更多工作热情。

（4）有效组织，构建积极能量网络

在一个班组中，积极分子有几个最好？答案当然是：越多越好。通过有效

的组织和引导，激发更多员工的潜力，使其变成积极分子，并通过"从众效应"带动班组全员的工作热情，构建一张团结向上的积极能量网络。

但同时，班组长也面临着协调积极分子关系的挑战——在工作上大家是"八仙过海，各显神通"，有时难免会产生矛盾和冲突。这时，班组长就要注意坚持不偏不倚、就事论事、有情有理的原则，处理好彼此间的关系。

心理知识百宝箱

"从众效应"

从众效应，即我们通常所说的"随大流"，是指当个体受到群体的影响（舆论、制度、环境或行为的压力）时，会怀疑并改变自己的观点、判断和行为，朝着与群体中大多数人一致的方向变化。

从众现象，在我们工作和生活中有很多。比如，大街上有两个人在吵架，这本不是什么大事。但当有人停下脚步，驻足观望时，人就会越来越多，最后连交通也堵塞了。对工作中的某项分配，当大多数人持有反对、抵制的态度时，其他员工也很容易改变自己的立场和决定，倒戈相向或立场模糊。

班组工作中，如果我们能够善加利用，从众心理也可以成为促进班组管理的有力推手。在积极分子的带动下，利用员工不愿"与众不同"，以及服从群体压力的从众心理，就能调动起大多数人的工作积极性，从而构建起积极的能量网络。

第四章

初生牛犊怕过河

　　"现在的新员工真难带!"很多班组长都曾发出这样的感慨。

　　如何带领新员工走出"心理断乳期",尽快适应工作?身为"初生牛犊"的"80后"和"90后"员工都有哪些特点,怎样带最有效?

　　本章会为你娓娓道来。年轻人的朝气和活力将成为班组最亮丽的一道风景线。

主题

代际沟通、青年管理

蔚蓝之爱·从心开始

第一节　陪伴"菜鸟" 度过"断乳期"

- 最近班里又来了一批新人，我该怎样让他们尽快 适应工作环境？

- 面对新员工的稚嫩与懵懂，我该如何帮他们调整 心态，尽快成熟起来？

- 新员工向我反映，觉得自己一直都没能真正融入 到班组中来，我该怎么帮助他？

新班长日志

201×年7月1日

随着班组工作的顺利开展，上次工程的高质量交工受到了领导的表扬，下面员工的工作热情更是一片高涨。考虑到工程进度的需要，公司又安排了两个刚毕业的新人加入到班组中。

先说自称是标准"80后"的新员工小东吧。小伙子性格开朗，人缘不错，名牌大学的研究生，很快就跟班里的老员工打成了一片，没几天时间就把车间里大大小小的工作弄个门儿清。刚开始，我心里挺高兴的，心想，"好啊，班里又多了一个技术骨干。"但没想到，在摸清所有工作后，这家伙的心气儿就上来了，偷懒、耍滑不说，还老是跟我唱反调。

再说另一个"90后"新员工小磊。跟小东一比，这孩子的条件可是要差一大截，他上的学校没什么名气不说，还只是个专科。人倒是挺踏实，可就是性格内向不爱说话，胆子也小，工作不主动不说，遇到不懂的地方也不问人，非等出现了问题才想着找人帮忙解决。

唉，最近几天这两个人真是状况连连，老出问题，真愁死我了。如何让他们调整心态，尽快适应工作呢？

张博士点评

无奈之下，小王只得再次敲开了张博士的门，希望能得到张博士的帮助。

听完小王的讲述，张博士笑着说："别着急，面对新的环境，每一个刚来到公司的新员工都要经历一个逐渐适应的过程。尤其对于刚从学校毕业，第一次走上工作岗位的大学生来说，这实际上也是一个'心理断乳'的过程。"

关于"心理断乳期"

做过父母的人都知道，母乳喂养的婴儿一般长到 4~6 个月大以后，要经历由单纯的母乳喂养到完全由母乳以外的食物喂养的一个断乳期。对于刚离开学校参加工作的新员工来说，也要经历一次"心理断乳"的过程。

在"心理断乳期"内，新员工要经历由学生到员工、由单纯知识学习到具体技能操作等身份和角色的一系列转变。在这个转变过程中，新员工往往会出现以下几种问题。

（1）心高气傲，眼高手低

对于有着高学历、良好技能的新员工来说，"雄厚"的实力往往能让他们较快地掌握工作技巧，但同时过于自信和过高估计自己的工作能力，也会造成他们轻视工作细节，偷懒、耍滑，不服从管理，甚至造成工作失误等不良行为表现。

（2）自信不足，妄自菲薄

与前一类新人的华丽出场相比，这一类新人显得朴实无华，甚至有些"寒酸"。他们的学历不高，毕业院校也不够知名，再加上自身缺乏亮点，因此很容易在群体中被忽视。"硬件"上的缺失极易令他们感到自卑，不敢表现自己，以至于在工作中表现得慎言慎行、畏首畏尾，成为"边缘人"。

（3）期望过高，心生失望

对于新员工来说，如果对工作的原有期待与当下现实的落差过大，也会导致适应不好。比如：专业不对口，原本学习设计专业，当下却只能在车间做普通工作，感觉才华无法施展；对工作时间、工作条件、薪酬等感到不满意……这些都会令新员工对工作的价值产生质疑，成就感不足，甚至失去工作热情。

（4）角色固化，适应缓慢

对于刚脱离学校环境或生活较懒散、习惯自由的新员工来说，要适应朝九晚五、纪律严格、节奏紧张的工作环境，也是一项不小的挑战。当无法适应新角色时，他们往往就会以学生式的思维，采取诸如恣意任性、逃避责任、盲目从众等消极态度来应对当下的问题。

了解了新员工在适应期可能出现的几种问题后，作为班组长的我们该如何有效地加以应对呢？

张博士支招

对于每一个刚参加工作的新员工来说，他们都在经历自己人生的一次重要转折，而能否顺利度过"心理断乳期"，成功适应工作环境，除了要依靠新员工自身的不断努力外，来自班组长的支持和帮助也是很重要的促进因素。面对新员工，你可以尝试这样做。

（1）积极引导，让新员工意识到工作对自己的价值

对班组中每一位新员工，尤其是对"眼高手低"和"期望过高"的员工来说，班组长要通过积极的价值引导，让他们充分意识到工作对自己的价值与意义，从而激发其对工作的热爱与干劲儿。

找机会跟新员工私下聊一聊，分享一下自己的工作心得与体会；请老员工介绍自己的工作经验与感受，点评工作的收获；介绍公司先进人物的发展历程，指出发展路径。通过这些方法，都可以加深新员工对工作的了解，并建立劳有所获的积极心态，在工作中找到自己的价值。

（2）有帮有扶，多角度促进新员工适应工作

工作中应该注意什么，施工时的具体程序怎么样，工作中遇到问题该怎样应对？参加工作之初，新员工很容易会因为遇到问题无处求助而产生严重的无助感。这时，班组长要为新员工提供足够的心理和技术支持。

首先，要主动向新员工提供解决问题的通道，比如告诉他们，"有问题可以随时找我谈"，或者定期地主动找新员工谈一谈，切不可置之不理。其次，班组长可以安排班组中技术熟练的积极分子带领新员工工作，以便让他们尽快熟悉工作方法、流程和注意事项，同时也为融入班组打下基础。

（3）鼓励为主，有策略地对待新员工的意见

在工作过程中，新员工提出的新想法和做法往往会在一定程度上脱离班组工作的实际。面对新员工的"奇思妙想"，班组长首先要抱以包容、赞许的态度

认可他们敢于发现、认真思考的精神，并在接纳有效建议的基础上，引导新员工结合工作实际去重新思考问题，而不是动不动就用"理想主义"、"不切实际"一类的话语来全盘否定。

此外，在工作过程中，班组长也要对新员工的工作成果进行及时反馈，并注意以鼓励为主。与此同时，班组长还要耐心地跟他们交流困难的所在，并一起寻找问题的解决方案。真诚的鼓励，对于每一个新员工，尤其对性格内向、自卑的员工来说，具有重要的激励作用。

心理知识百宝箱

"蘑菇效应"

蘑菇生长在阴暗的角落，得不到阳光，也没有肥料，通常都是自生自灭，而只有长到足够高的时候才会开始受到人们的关注。这种现象被称之为"蘑菇效应"。

"蘑菇效应"很形象地诠释了大多数新员工的工作经历。缺乏工作经验的新人往往要从一些不起眼的工作开始入手，通常得不到太多的重视。当他默默无闻地工作了一段时间后，如果工作出色就会逐渐被人关注并得到重用，而那些工作表现不够突出的新员工则需要经历更长久的磨练和等待。

对于新员工来说，这种"蘑菇经历"并不一定是什么坏事。因为，它是新员工"蜕化"为企业人才前的一种磨练，可以消除他们一些不切实际的幻想，从而使新员工变得更加务实，能够更理性地思考和处理问题。同时，这对新员工的意志和耐力的提升也具有很大的促进作用。

不过，在带领新员工的过程中，也需要注意"蘑菇效应"的负面影响，加强对年轻员工的指导和提携，使他们尽快成熟起来，以防止他们因过久的"蘑菇经历"而消磨掉对工作的热情和进取心。

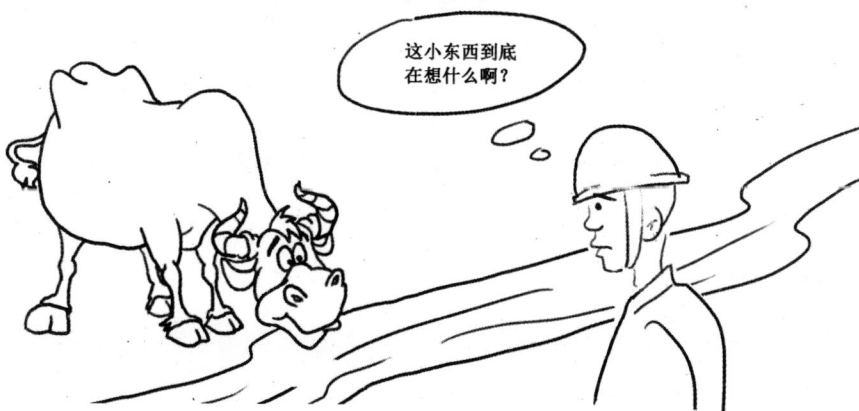

第二节 "80后"和"90后"在想什么

● 这些"80后"和"90后"的员工管理起来问题真多，他们到底在想些什么啊？

● 不管是对工作还是生活，我发现自己跟"80后"和"90后"的差异真不是一星半点儿的！

● 唉，跟"80后"和"90后"沟通起来，经常是"鸡同鸭讲"，根本说不到一块儿去！

新班长日志

201×年7月15日

　　为了能让新员工小东尽快地调整好自己，适应班组工作，我不仅让班里一个经验丰富的老员工做他的老师，更是经常开小灶，跟他进行私下交流，但好像总不见效，问题始终没得到解决。

　　今天，小东在工作时很不在状态，漫不经心不说，还差点导致一起事故。工间休息的时候，我把他叫到一边想跟他谈一谈，可还没等我说话，小东就开口了："班长，我知道你想说什么，今天差点出事故，确实是我的错。说实话，最近我想了很多，我感觉这份工作跟我理想中的差别太大了，我是做工程的，却让我在车间里做这么简单、枯燥的工作。我不想干了！"听完小东的话，我本想说些什么，但却始终没说出来，只是用手轻轻地拍了拍他的肩膀。

　　不过说实话，我带的这个班还算是好的，前几天听兄弟班的同事说，他们班中的几个"90后"新员工直接就闹起了"罢工"，还说什么"这工作既单调又枯燥，简直埋没人的创造力"！唉，这些"80后"和"90后"的小孩子都在想些什么啊？照这个样子，我这个班组还怎么带啊！

 张博士点评

　　思索了很久，却始终找不到答案的小王想到了张博士。对，去听张博士讲讲有关"80后"和"90后"员工的心态与管理方法吧。

　　听小王讲完新员工小东的"光辉事迹"，张博士笑了："你所遇到的问题，是当下很多管理者都在为之困惑和苦恼的问题。为什么"80后"和"90后"管理起来这么难，问题的根源在哪里？归根到底就是缺乏对这两代人的了解。而我们只有了解他们的内心所想，才能克服所谓的'代沟'，做到有针对性地去调整管理方法。"

　　看着小王若有所悟的眼神，张博士接着向他分析了有关"80后"和"90后"的特点。

"80后"和"90后"

　　不知从何时起，我们开始用"80后"、"90后"这样的称呼来划分不同年龄段的青少年，而这些简单的数字背后，并不仅仅代表一个年代，更多的是一种文化的表现，一种对于生活的态度。

1. 解读"80后"

　　顾名思义，所谓"80后"，是指20世纪80年代出生的年轻人群体。调查显示，我国的"80后"约有2.04亿人，年富力强的他们正逐步成长为社会发展的中坚力量。

　　一直以来，社会各界对"80后"的评价都是褒贬不一、备受争

议的。"80后"成长在改革开放不久的年代，小时候大多有过物质生活贫乏的经历，但成长过程中却又备受时代变革和引进西方文化的强烈冲击，这使得他们具有了鲜明的"80后"特征，如个性鲜明、敢想敢干、追求自我价值实现、渴望自由平等、勇于展示等。

2. 也说"90后"

同"80后"一样，带着"自我"、"叛逆"、"另类"等标签的"90后"一代无疑是现在风头正劲的争议话题。调查显示，我国的"90后"数量约有1.4亿，占全国总人口的12%左右。

电脑及网络的普及，手机等电子产品的快速发展，让"90后"有着比以往任何一代人都优越的物质成长环境。而随着一部分适龄"90后"的步入职场，他们张扬的个性、独特的言行也往往会给管理带来一定挑战。

张博士支招

俗话说："知彼知己，百战不殆。""80后"和"90后"新员工的"真面目"到底是怎样的呢？让我们一起走进他们的内心，找寻开启"80后"和"90后"心灵的钥匙。

（1）"我的青春我做主！"

①"80后"标签：个人英雄主义、竞争意识强。

"80后"处在一个充满变革的时代：计划生育、九年制义务教育、大学扩招、自主创业……似乎从一出生起，他们就已经站在了激烈、残酷的人生"战场"上。从重点小学到重点初中，再到重点高中、名牌大学，他们走过的每一步都充满了浓浓的火药味，说是千军万马闯独木桥也不为过。面对成家立业、"压力山大"的残酷现实,"80后"难免会倾向于以自我为中心、更加关注个人得失,而这一份"私心"也使得他们习惯于在职场中做孤独的"超级英雄",团队协作能力也显得稍逊一筹。

②"90后"标签:个性张扬、自我中心。

"90后"大多为独生子女,生长于中国经济高速发展的年代。他们个性鲜明、创造力和想象力极强。但优越的生活条件、独立的成长环境、父母长辈的百般呵护与管教,也让他们在形成"唯我独尊"思想的同时,非常渴望独立,具有较强的叛逆意识,并希望通过张扬自我、表现自己来获得同伴的认可。

虽然"90后"也高喊"我的青春我做主"的口号,但与"80后"不同的是,衣食无忧的他们很少体会到来自生活的压力,这也导致他们竞争意识比较差,缺乏应对困难、独立解决问题的能力。"舍我其谁"、"唯我独尊"的自我中心思想,也会让他们在班组中过分关注自我的感受与利益,较少考虑他人,团队协作能力较差。

(2)"要工作还是要生活?"

基于成长环境和生活期望的不同,使得"80后"和"90后"对工作有着一些不同的态度。有人这样形容两者的差异:"80后",拒绝加班!"90后",拒绝上班!

①"80后"标签:追求平衡、享受生活。

根据全球雇主品牌咨询公司 Universun 的调查显示,2007 年有 50.6% 的中国大学生把生活与事业的平衡作为职业目标。"80后"追求工作与生活的平衡、追求感兴趣的生活和工作方式。"工作是为了更好的生活"这一口号,已经成为了"80后"日趋明显的思维倾向。人性化的管理,通畅、融洽的工作环境都将大大鼓舞"80后"员工的士气。

②"90后"标签:追求快乐、娱乐生活。

对于宣称"我每天可以吃的有限,穿的有限,花的有限,但是开心必须无限"

的"90后"来说，开心、快乐、自由和个性是生活的"必需品"，也是他们贯彻"在娱乐中生活，也在娱乐中学习和成长"的生活理念的重要表现。

很显然，对于向往自由、缺乏经验，却又敏感脆弱的"90后"来说，大多数基础工作似乎很难跟快乐拉上关系，而这也似乎正是"90后""要生活，不要工作"的原因所在。

（3）"走或留，谁做主？"

① "80后"标签：关注发展前景、重视职业生涯规划。

"80后"员工的危机意识较强。有调查显示，"个人发展机会"是"80后"大学生求职时考虑的首要因素。也正因为如此，"80后"在择业时，并不单单看重薪酬待遇如何，企业的发展前景、自己的收获和机遇、自身职业生涯发展方向等诸多因素也都是他们考虑的重点。

同时，"80后"对工作条件和环境也有着较高的要求，希望能在较短时间内增加收入，在宽松的环境内得到提升。但这并不意味着他们就只贪图享乐，不愿意付出，实际上，他们很乐意并喜欢接受有挑战性的工作。

② "90后"标签：享受轻松生活、追求"顺意"工作。

与关注职业发展前景、生涯规划的"80后"相比，"90后"也有着自己的优势。他们的学习能力、创造力很强，思维活跃，善于从网络上接受新信息、学习新东西；他们思维前卫、观念超前，善于表现自己，对事物有着自己独特的见解。因此，"90后"对工作提出了新的标准——"钱少点没关系，关键是要好玩"。也正因为如此，对于"90后"的员工管理，更要加强工作形式的趣味性和工作内容的多样性。

与此同时，对于大多数"90后"来说，尽管他们的言行看似已经成熟、老道，但其内心却非常脆弱，心理成熟水平与社会的实际要求相差甚远。调查显示，有72.3%的"90后"在遭受挫折后，会留下心理阴影，其中有5.1%的人甚至会因此而一蹶不振。对于挫折的不适反应正是"90后"员工选择离职的重要原因。所以，在管理中应加强其面对困难时的心理韧性。

心理知识百宝箱

"光环效应"

又称"晕轮效应",是指我们在评价一个人时,往往会受已有主观判断或个人好恶的影响,从而以偏概全地掩盖了其他品质或特点。

美国心理学家戴恩曾做过这样一个研究:让被试者看一些照片,照片上的人分别是有魅力的、无魅力的和魅力中等的,然后让被试者从与魅力无关的方面去评价这些人,如他们的职业、婚姻、能力等。结果发现,有魅力的人在各方面得到的评分都是最高的,而无魅力者的得分最低。这种"漂亮的人在各方面都好"的想法实际上就是"光环效应"的典型表现。

现实中,我们对"80后"和"90后"的所有特征分析,都只是对一代人的言行、心态特征的大致概括。也正因为如此,我们在评价"80后"和"90后"员工的时候,要结合其具体情况来作出判断,避免受上述特征分析的"光环效应"的影响。

第三节　千"方"百"计"
走进新员工内心

● 跟新员工沟通起来真难，如何才能知道他们内心
　的真正想法呢？

● 唉，新员工不适应班组工作，我都不知道该从哪
　儿入手帮他，怎么办？

● 感觉有时候跟新员工根本没话说，更别说贴心交
　流了，这是怎么回事？

新班长日志

201×年8月12日

　　尽管试着跟新员工小磊进行了沟通，也着实做了几次思想教育，但好像总没什么起色。我跟同事感慨："唉，他呀，就是一个没上进心的'90后'小屁孩！"但上周末的一件事，却让我对小磊有了新的认识。

　　周末我去宿舍小区的篮球场运动，不想却碰到小磊和他的室友在打篮球。他大声地招呼着队友，玩得十分投入，满脸洋溢着快乐。说实话，我当时非常惊讶，因为这完全不像我所知道的内向、木讷的小磊。当时没多想我就加入了比赛，刚开始小磊还有些拘谨，但不一会儿就完全放开了，大家都玩得非常尽兴。通过这一次，我发现了他的另一面，十分活跃、有想法、有梦想、喜欢自由。比赛过后，我们谈了很多，他告诉我："王哥，其实我不是不想好好干，你也知道，我是专科学校毕业，学历和能力都有限，因此工作中我特别害怕出错，每次干活我心里都担心得不行，但又不敢和你说，怕你们更看不起我。"

　　这一次沟通后，我开始把一些有挑战性的工作交给他。刚开始小磊不敢接，说自己不行，但我说："还有这么多同事呢，不会就问，有啥不行的？只要你相信自己行，你就一定行！"当小磊第一次高质量地完成交给他的工作时，面对大家赞许的眼神，他脸上露出了快乐的笑容。原来走进员工内心，跟他们沟通起来这么简单、有效啊！

张博士点评

　　班长小王这一次真正意识到了跟员工贴心交流的效果和益处。那还有没有其他更好的办法呢？带着这个疑问，小王找到了张博士，想了解一下跟"80后"和"90后"沟通的更多方法和技巧。

　　听小王讲完跟他跟小磊沟通的事情，张博士露出了赞许的笑容："你做得非常正确。为什么很多人总说自己无法跟'80后'和'90后'沟通？问题就在这里，对于这些新生代员工来说，他们都有着一定程度的逆反心理，遇强则强，遇软则弱。而一味地批评、指责、思想教育，只会让他们更加套上保护自己的盔甲，变得'油盐不浸'，甚至做出种种极端的行为。"

　　是啊！在小磊的问题上不就是这样吗？小王若有所悟地点了点头。

解析"80后"和"90后"的挫折反应

　　在面对挫折和困境时，我们会本能地采取种种方法来保护自己免受伤害。

　　一般来说，"80后"和"90后"在参加工作前都会对工作抱有很高的期望。因此，当他们真正开始工作的时候，会体验到由理想到现实的巨大反差，并由此产生强烈的挫败感和无助感，并在工作中通过种种方式表现出来。他们在挫折后的反应可能有以下几种：

　　① **退行。**即在遭遇到挫折时，表现出其年龄所不应有的幼稚

行为反应，这是一种反成熟的倒退现象。比如，在权威人物（如班组长）面前变得毫无自信、不知所措；内心不满时摔打东西、大声哭叫；遇到困难表现得像个孩子，需要别人手把手地指导自己。

②**推诿**。即将个人的缺点或失败推诿于其他理由，找他人承担过错，以寻求自己心灵的平静。比如，工作出现失误，不愿承认是自己准备不足，而说是机器的问题；与人打架说是自卫；比赛输了，说场地不好，裁判不公。

③**补偿**。当个体因本身生理或心理上的缺陷致使目的不能达成时，便会改以其他方式来弥补这些缺陷，以减轻内心焦虑，建立自尊心。比如，当无法从工作中获得成就感的时候，便沉溺于酒精、网络游戏中无法自拔；得不到正向注意与关怀，就发展负面的行为以获得他人的注意。

张博士支招

"80后"已经悄然成为当今社会的中流砥柱，"90后"的浪潮也正来势汹涌。作为班组长，应当摒弃对这些"新新人类"的种种成见，站在理解的角度上，去引导他们正确地认识自己，扎实开展工作。如何做到这些呢？张博士向我们提供了以下几种方法。

（1）民主管理，以积极互动增进沟通

"80后"和"90后"员工的自我意识较强，在沟通时班组长应多采用平等、尊重、关怀的态度。同时，在日常的管理过程中，也要注意采取更加民主、人性化的管理方式，尽量避免传统、死板的"照本宣科"或是"发号施令"。例如，

在开展一项新工作之前鼓励员工充分发表意见，尤其是注意新员工的不同看法，博采众家之长。

另一方面，对于很多在班组融入中遇到困难的"80后"和"90后"来说，在工作场所的沟通显然很难让他们放下内心的戒备，完全地开放自己。因此，积极地创造各种跟他们互动的机会，比如一起打篮球、PK网络游戏、参与讨论时下的热门事件和网络红人……相信在拉近你们心理距离的同时，也会增强他们对你的认同，从而使你深入、全面地了解他们。

(2) 有效指导，共同制定职业生涯规划

实际上，不管是"80后"还是"90后"，都对未来有着很高的期许。对于"80后"员工来说，通过制定清晰的职业发展规划可以让他们更清楚自己的目标，从而在工作中更加积极和努力；而对于"90后"来说，他们对未来的期许往往存在很多不切实际的地方，通过对职业发展规划的探讨，能够帮助他们更深刻地了解自己的目标，变得更加务实，从而促使他们不断调整自己，更适应班组工作。

(3) 因人而异，提出不同工作要求

对于"80后"员工来说，具有挑战性、能锻炼和提高自身能力，以及促进职业发展的工作无疑有着巨大的吸引力；而对"90后"员工来说，工作内容是否新鲜、有趣，能否更好地表现自己，则是点燃他们工作激情的兴奋点。

因此，在分配工作时，因人而异地提出不同工作要求。给"80后"定一个"跳一跳，够得着"的目标无疑是很好的应对方法；让"90后"轮流做一些新鲜、有趣的工作，或以小组竞赛的形式开展工作无疑也是很好的管理方法。

(4) 以技服人，榜样示范激发活力

对于"80后"和"90后"来说，虽然他们敢于质疑权威，但也佩服真才实学。因此，在他们的面前，班组长应当尽量表现出自己丰富的工作经验与过人的工作能力，靠自身实力和人格魅力使他们信服，而不是单靠权力使他们屈服。

这就需要班组长在平日里下足功夫，既要提高自身的业务水平，还要注意及时充电，并注意自身的言行举止，让自己成为被新员工认可并愿意学习的榜样。这样，在无形中提高了班组长的威信，有利于班组工作的开展和管理工作的进行。

心理知识百宝箱

"共生效应"

在自然界，当一株植物单独生长时，它往往长势不旺，没有生机，甚至会枯萎衰败，而当众多植物一起生长时，却能郁郁葱葱，挺拔茂盛，人们把植物中这种相互影响、相互促进的现象称之为"共生效应"。而在人类社会中，共生就是两者互相促进，同时有利于双方发展的现象。

"唉，这些新员工是怎么回事啊，怎么让我摊上，真倒霉！"面对桀骜不驯、频出难题的"80后"和"90后"员工，你是否也产生过这样的想法呢？不过，共生效应却告诉我们，当一个班组的思想、行为过于单调、统一的时候，反而会降低班组活力，影响工作效率；而新员工的纳入，则无疑是给班组注入了新的血液和活力，带来了不同的新鲜思想与观念，从而有利于激发员工的工作热情，提高工作兴趣。

第五章

投"头儿"是道

在班组工作的舞台上，班组长要表现出自己的风采，就要学会跟"头儿"沟通。

如何在"头儿"面前表现自己，发生误会怎么办，怎样沟通最有效？在跟"头儿"的沟通过程中，我们总难免会碰撞出各色的火花。

也许，合理、有效地展现自己，理性、睿智地澄清误会，科学、有序地跟"头儿"沟通，就是你要寻找的答案。

主题

自我展示、上级沟通

蔚蓝之爱·从心开始

要让"头儿"听到你的声音，学会展示自己

第一节　向"头儿"展示自己

- 我性格内向，属于行动派，我该如何向"头儿"展示自己呢？

- 关于工作的进展与自己的进步，我是否该及时向"头儿"汇报？

- 努力了很久，为什么"头儿"就是看不到我的辛苦与付出？

新班长日志

201×年8月26日

最近一段时间，由于之前对项目的难度缺乏了解，准备不充分，导致项目在实施进程中遇到了两个大的困难：一是与其他施工方的工作分工不清晰，协调困难；二是由于这个项目采用的大多是新式设备，而我们对于设备的稳定性和安全性还都不太了解。说实话，当时压力挺大的，怎么办？我的第一反应就是：咬牙顶住！针对遇到的种种问题，我做了大量的细致工作，比如长期驻守施工现场，组织技术骨干重新规划设计方案，加强对新设备的使用和学习等。对于工作职责我并没有计较太多，因为我觉得，只要自己踏踏实实地做了，领导自然就会看在眼里。

但千算万算，最后还是在跟施工方的分工环节上出现了问题，耽误了项目进度。问题出现后，领导找到我很生气地说："这个问题你应该早点向我汇报的！耽误了工期会造成多少损失，你知不知道？"当时我并没有反驳，只是答应加紧协调，争取最快时间拿出分工方案。但事后，我心里却越想越不是滋味，这个问题一开始就存在，又不是我造成的，而且我也在努力解决了，为什么领导就是看不到我的辛苦与付出呢？

老班长经验

　　身心疲惫，却又满心无奈的小王找到了老班长，希望能从他这里得到一些安慰与支持。

　　听小王讲完事情的始末，老肖看着小王说："在这件事情上，我知道你的想法是遇到问题，只要硬扛着做好了，就一定能干出成绩，得到领导的认可。在一般情况下，你的这种做法是值得表扬的，能独立解决问题是你工作能力的重要体现。但有时项目实施过程中的某些问题不是仅凭我们单方面硬扛能解决的，还需要及时争取领导的支持和协助，以保证项目顺利进行。归根到底，不管遇到哪种情况，我们都要坚持一个原则，那就是定期向领导汇报自己的工作进展、想法和建议。"

　　听到这些，小王轻声地分辩着："你又不是不知道我，我性格比较内向，在领导面前我就觉得不自在……"

　　老班长轻轻地摇了摇头，接着说："你换位思考一下，作为领导是要照顾全局的，如果你不主动向他汇报自己的工程进度、当下困难，他就无法从你这里得到全面的信息。有了问题不能及时解决、纠正，也就无法做到对工程进度的真正把控。这样，当项目出现问题的时候，领导追根溯源，自然会追究你的责任啊。"

　　一语点醒梦中人。小王在此刻才真正意识到，原来自己内向、不善表达的性格，以及因此而产生的所谓"实干思想"，才是问题的根源所在。

　　意识到了自己在工作过程中的性格短板，小王决定去寻求张博士的帮助，以便从心理学的角度更好地了解自己、改善自己。

张博士点评

得知小王的来意，张博士笑着说："看得出来，你的性格比较偏内向。同你一样，由于不善言辞，也不喜欢表现，很多内向型性格的人会选择走'实干派'的路线。但在实际工作中，由于受到来自工作条件、上下沟通等因素的影响，要做好工作，仅靠'实干'是绝对不够的，还要学会'巧干'。"

内向与外向，你是哪一种

性格的内向还是外向是人的最基本性格特征。

英国著名心理学家艾森克提出，性格存在两个极端——外向和内向。其中，大多数人都是混合型，即内外兼有，只是会偏向某一极端多一些，真正极端内向和极端外向的人属于极少数。

在实际的工作与生活中，内向型性格和外向型性格各有优缺点，没有优劣之分。

以下是内向型和外向型性格的一些基本特征，对比一下，你是偏向哪一种呢（如果符合前者多一些，那你是偏外向型性格；反之，属偏内向型性格）？

外向型性格	内向型性格
你做事快，但比较粗糙	你做事慢，总是力求精细完美
你很少在内心反省自己	你经常分析、研究自己

外向型性格	内向型性格
在新环境里你很快就跟人混熟了	同陌生人打交道，你常感到为难
基本上你是个不拘小节的人	你比较注重细节，尽量不惹人反感
你喜欢参加集体娱乐活动，喜欢成为人群的中心	你喜欢安静，在人群里你总是力求不引人注意
你喜欢经常变换工作	你希望能有一份工作好好地做下去
你总是不加抑制地发泄怒气	你懂得如何克制自己的情绪
遇到不懂的问题，你马上就会去问别人	遇到不懂的问题，你宁愿自己独立思考
你喜欢跟人探讨理论方面的东西	你认为脚踏实地比探索理论原理更重要
你喜欢说话，有话就憋不住	你是一个沉默寡言的人

张博士向班长小王详细讲解了内向型性格的特点。

"内向型性格的人，通常会表现得较沉稳、内敛，喜欢独立思考；他们往往有很强烈的自我意识，在身处人群中时，会格外在意别人对自己的看法，并因此而变得有些烦躁、多疑。一些内向型性格的人很容易产生诸如，'我很怕向别人提出问题，因为他们会认为我很笨。''我必须加倍谨慎、尽量少与人接触，否则他们就会看穿我的无知。'等的消极想法。"

听了张博士的讲解，小王承认，这次之所以没有及时向领导汇报，就是因为担心如果这样做的话，会给领导带来麻烦，影响对自己的评价。

说到这里，小王已经深深地明白，正是自己的这种错误观念，才导致了他与人沟通时很多无谓的担忧和焦虑，使他逃避与领导的沟通和交流。

张博士支招

在工作过程中，要及时地向"头儿"汇报工作，告诉他们，你正在做什么、是怎么做的、有哪些问题、需要什么帮助、你的新想法等。这个汇报的过程，不仅能加深"头儿"对我们工作的认识，更是我们展示进步、彰显自我的大好机会。

那如何才能恰到好处地展示自己呢？张博士给出了以下三条"巧干"建议。

（1）正确认识自己，增强自信

受外界环境的影响，很多人一直怀有"外向比内向更优越"的错误想法。美国的一项研究证实，与"明星式"领导相比，那些低调、实干、执着的内向型领导往往工作效率更高，也更容易获得成功。

你是如何评价自己的？请用"我是一个……的人"的句式，尽量多地写出你的优点。也许刚开始会有些困难，不要着急，认真地想一想，充分挖掘你的闪光点：工作认真负责、扎实沉稳、诚实守信、善于体谅他人、坚韧、有毅力、富有爱心……此外，你也可以听一听身边同事、朋友的评价，收集一下你在他们眼中的优点。

没有想到吧，原来你有这么多优点！轻轻地读出每一个优点，你是否觉得自己好像变得自信了很多呢？快来试试吧。

（2）审视沟通渠道，多向出击

在工作过程中，你是通过哪些渠道与"头儿"沟通、展示自己的呢？

在这里，主要有两种渠道。一是正式的口头汇报，或填写正式的工作文件、表格，如周报、月报等；二是非正式渠道，包括参加公司活动、周末聚会，甚至工地偶遇等。

审视自己跟"头儿"的沟通渠道，你是否能让他很容易地掌握你的信息，了解你的需求呢？如果答案是"否"，那你就要马上行动起来了。一方面，坚持按时汇报，并提交你的工作周报、月报；另一方面，也要适当地参加一些公司活动或部门聚会，增加你与"头儿"的交流次数。在这里值得一提的是，我们要给自己留出提升的时间和空间，在一开始不要强迫自己参加太多社交活动，每月一两次就够了。

（3）打造金牌班组，彰显自我能力

在工作过程中，企业是以团队的形式来组织工作和实现发展的。因此，对于班组长来说，仅仅个人表现优秀是远远不够的。重视团队建设，不断提升班组的凝聚力和执行力，努力打造高质量的金牌班组，提升整体实力，这无疑是对班组长成绩的最好证明。

优秀的班组业绩与良好的班组氛围是班长能力的最重要体现。要做到这一点，班组长需做好两方面工作。首先，要根据班组的具体情况，采取"各个击破"和集体指导双管齐下的方式，通过培训、指导、教育等方式，提高员工个人的工作技能水平，进而提升班组的整体业绩；其次，要充分发挥班组长的带头作用以及积极分子和班组激励的影响，在班组中培养敢为人先、积极向上的团队氛围。

心理知识百宝箱

"木桶效应"

"木桶效应"，也叫"短板效应"，意思是说，一个木桶无论有多高，它能盛多少水，都不取决于最长的那块木板，而是取决于最短的那块木板。

其实，我们每个人的性格都好比是一个木桶，每一种性格特征都是组成这个木桶不可或缺的一块木板。很显然，要实现我们稳定的职业发展不能单靠其中几项成绩的突出，而是取决于我们的整体状况。因此，当我们发现自己在某些方面存在较大的不足时，就应该及时采取措施，力争做到"取长补短"，实现和谐发展。

一位哲人曾经说过：要么你去驾驭性格，要么让性格驾驭你。能否控制性格将决定谁是坐骑，谁是主人。反思一下自己，你的性格短板在哪里，你试过去改变它吗？如果还没有尝试过的话，那从现在开始努力吧，发扬你的优势，弥补你的短处，你会发现，自己未来的人生道路已变得更加平坦、宽广。

第二节 被"头儿"误会了怎么办

- 工作中因为一次意外被领导误会了，我该怎么办呢？

- 面对领导的怒火与批评，我是该立马反驳还是先忍气吞声呢？

- 被领导误会后，我该怎么消除误解并挽回形象呢？

新班长日志

201×年9月9日

通过调整自己的心态，并加强与"头儿"的交流，"头儿"在上次班组开会时对我提出了表扬。自己的辛勤努力终于得到认可了，当时我心里甜滋滋的，别提有多高兴了。但没高兴几天，领导却又把我叫过去训了一顿，而这一切，只源于一个误会。

昨天，"头儿"在工地现场巡视的时候，发现他前一天安排我负责的施工现场既无人值守，也无人工作，于是立刻通知我赶到现场，并批评我工作失职，没及时安排人员施工。说实话，当时我很疑惑，早上班里刚开会布置了工作，现在大家都忙着准备，人还没来很正常啊！因此我解释道："我已经安排人了啊，工作现在正在进行着呢！"

"头儿"显然不明白其中原委，以为我在狡辩，态度更严厉了："你说正在进行，那人都在哪儿呢？"当时觉得心里挺委屈的，但我仍耐着性子解释说："早上已经布置好工作了，这会儿大家都正忙着准备工具、材料，所以还没开始施工，人一来立马开始！"

但"头儿"似乎对我的解释并不满意："工作既然交给了你，就该及时开展，按时完成，我现在看见的就是没人来干活儿。自己好好想想今后该怎么干！"说完便气呼呼地走了。

明明自己已经认真部署了工作，只是调度上的误会，却让"头儿"将责任归到我身上，得了批评不说，还闹得这般不欢而散。唉，我该怎么办呢？

张博士点评

　　满腹委屈的小王思索了很久，却一直没找到一个自认为合适的处理方法。苦恼之余，他想到了去请教张博士，让他来指导自己消除这场误会。听小王讲完事情的经过，张博士意味深长地说："在人际沟通过程中，由于种种原因，总会发生各种各样的误会。《春秋》当中有这样一则故事，孔子在周游列国时，受困于某地，好几天都没有食物，只能靠野菜充饥。弟子颜回心疼老师，便走了一天的路，四处讨米，但回来做饭时，因为锅里掉进了一些灰尘，他怕孔子吃坏了身体，扔了又可惜，便把那块饭抠下来吃掉了。不料这一举动恰巧被孔子看见了，误以为颜回在偷吃，顿时心生厌恶，疏远了他。好在后来颜回向老师说明缘由才化解了这场误会。连被尊为'圣人'的孔子都难免会闹出这样的误会，更何况我们一般人了。"

　　那误会是如何发生的呢？张博士给出了这样的解析。

误会，到底是如何发生的

在日常工作与生活中，我们总会与亲人、朋友、同事或领导发生这样或那样的误会，让人猝不及防。误会的产生主要有以下几方面原因。

（1）信息不对称——差异产生误会

在工作和生活中，由于角色差异会使我们对同一问题掌握不同的信息量，从而导致误会发生。比如，小王和"头儿"的误会就是因为对工作状况的信息量把握不对称引起的。此外，即便是对同一件事，由于每个人的理解角度不同，也会做出不同的判断，导致信息量的不对称。

（2）表达不完整——缺失产生歧义

在沟通过程中，需要传达的信息必须要具体而明确，要包含所见、所想、所感和所需四个要素。而当我们传达的信息遗漏了某个要素时，便成为"不完整信息"，会引起别人的困惑和怀疑。

一般来说，没有加入感受和希望的判断，别人不会在意；没有对挫折和伤害的描述，别人不会倾听你的不满；没有充足详尽的观察做支撑，没人会相信你的结论；没有对感受和设想的表达，别人会觉得你提出的要求是不合理的。

（3）心态不开放——封闭消除信任

人总是有自我保护意识的，特别是在信任基础不够，自己又相对处于弱势的时候，自我保护机制更容易"启动"。也正因为如此，当工作遇到危机时，人往往会习惯性地推卸责任以求自保。殊不知，这种自我防御反而会降低他人对自己的信任，引起更进一步的怀疑、猜忌、臆断，而这些最终都可能导致误会的产生。

张博士支招

被人误会显然不是一件令人舒服的事情，尤其是自己被领导误会时，问题就显得更为突出。对于一个优秀的班组长来说，能够快速、有效地化解别人对自己的误会，也是一种十分重要的本领。这不仅考验一个人的沟通能力，更体现着一个人的理解力和灵活度。

在已经被领导误会的情况下，应该怎样快速消除那些误会呢？张博士提出如下建议。

（1）学会换位思考，反省自身

对于管理者来说，他们的职务越高，所掌握的有关工作细节的信息量就越小，准确度也越低，而对于班组长来说则正好相反。在信息量不对称的情况下，难免会出现"头儿"分析信息不准确，从而产生误解的情况。因此，当误解产生时，班组长不要急着去分辩或反驳上司，而是要先做自我检讨，看自己是否已经及时把信息反馈给上级，之后再进行必要的沟通，否则误解会不断扩大，影响团队建设。

（2）控制好情绪，冷静面对

当误会发生时，我们首先要控制好自己的情绪，做到不急不恼、不怒不火，坦然地面对。面对被误会后的批评与指责，也许我们的心中会感到愤怒、委屈、不平，希望立刻说明真相、驳回指责、求得认可，但如果这时我们没能控制好自己的情绪，只是盲目地发泄自己的不满，那必将带来一场更激烈的争论，不可能化解误会。一团火焰怎么可能会熄灭另一团呢？能熄灭怒火的只有心如止水的平和与冷静。

（3）选择恰当时机，合理解释

俗话说："话不说不透，理不辨不明。"要消除误会，就要选择一个恰当的时机去解释，千万不要听之任之，认为误会过去就算了，既然自己本身没有过错，领导总会明白的，让时间来证明就可以了。这种消极的态度是极不可取的。

怎样才是合理的解释呢？心理专家建议，如果当时并没有特别重大的误会或导致非常严重的后果，你大可不必专门跑去解释。过于纠结于这个问题，不仅会让我们身心疲惫，也会给"头儿"造成不豁达、放不开的印象。因此，在汇报工作的最后或是闲谈中顺带解释一两句，反而能显得更加真诚、随和，也更容易让领导接受。

正如被误会的班长小王一样，他大可以等班组的工作开展起来，向"头儿"汇报工作时顺带把误会讲清楚："队长，这边的项目已经按计划完全展开了，进行得也很顺利。其实那天……"这时，不仅双方的火气都已经降下来，工作的顺利开展也能说明你的工作能力，以及对"头儿"批评的虚心接纳。

（4）寻找沟通桥梁，巧妙化解

对于有些误会，可能无论我们如何冷静地分析、详实地解释，都不能消解领导对我们误解，甚至领导会对我们的整体印象产生怀疑——平日的表现和当时的言行，哪一个才是他真实的样子？基于这样的怀疑，这时我们的任何解释或辩白都很难传达到领导的心中，误会自然也不能得到化解。

难道就没有办法了吗？不一定。这时，我们或许可以找一个人来做自己和领导间的桥梁，来帮助我们实现沟通。通常，我们可以请部门中那些深得领导信任、表现一贯稳定的人来帮助你澄清，或是直接说明，或是旁敲侧击，他们所说的话总能更好地走进领导的心里，使得误会最终顺利化解。

心理知识百宝箱

"淬火效应"

又叫"冷处理"，原意指在金属工件加热到一定温度后，浸入冷却剂（油、水等）中，经过冷却处理，使工件的性能更好、更稳定。在沟通过程中，尤其是发生误会时，灵活地应用"淬火效应"，能增进沟通的顺畅与交流的和谐。

当发生误会时，沟通双方很可能都处于很激动的状态。这时不要因为感到愤怒、委屈，就"急火攻心"，跟上级据理力争、拼命反驳，这样只会让误会更加升级，更难以消除。与其如此，不如采取"冷处理"，让当事的双方都冷静一下，仔细地分析一下事情的来龙去脉，摆一摆各自的关系。当彼此都心平气和时再澄清误会，分析问题，这样无疑更有利于误会的消除。

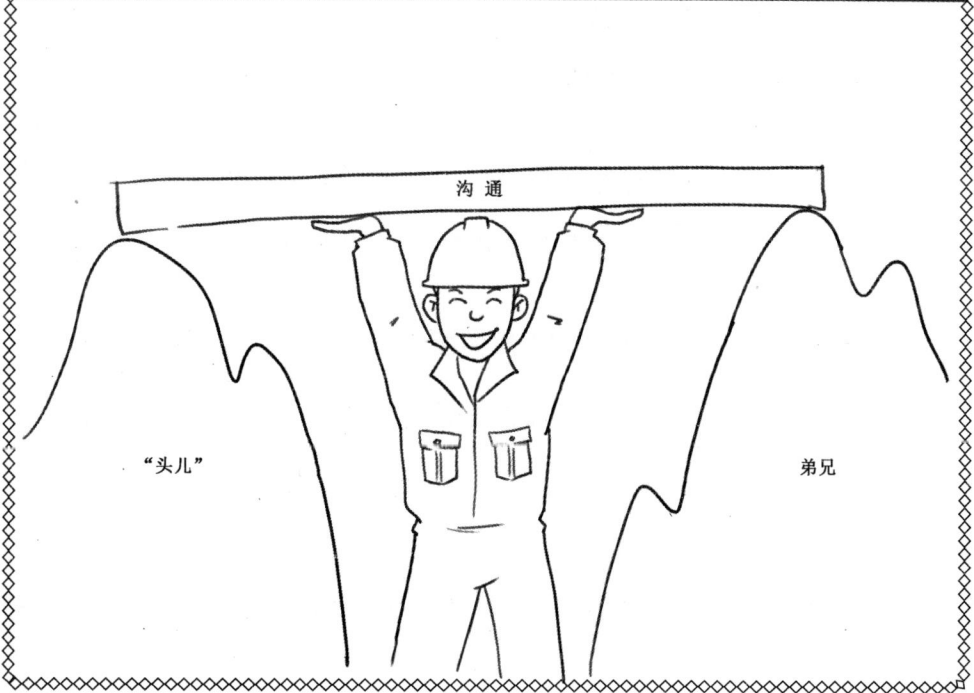

第三节　与"头儿"的有效沟通

⬢ 工作中遇到困难，应该如何与领导沟通，才能得到相应的理解与支持呢？

⬢ 好不容易找领导谈一次话，他又好像没放在心上，只是让我自己想办法，这是为什么呢？

⬢ 说到跟"头儿"沟通就犯怵，近了怕被说是拍马屁，远了又怕被孤立。唉，真难啊！

新班长日志

201×年9月23日

经常听人说班组长是"兵头将尾"，官不大，但活儿却不少。不但要管理好班里的这一帮"弟兄"，还经常要跟"头儿"沟通、协调，及时汇报工作的进度和出现的问题，并领会上面的进一步指示，然后再下达到班组里。而在所有工作里面，与"头儿"的沟通一直是个让我头大的问题。

在这一期项目中，由于我们班组人手短缺、工作量又大，因此很难在公司规定工期内完成任务。为了能按期完成项目，我主动找到队长，希望能得到他的支持和帮助。谁知听完我的讲述以后，他却很不以为然，坚持认为："只要你们抓紧干，加点儿班还是能完成的。"完全不同意我的意见。

耽误工期可是个严重的问题，对此我心里很着急。还是经过老班长的指点，我才知道自己在不知不觉中犯了个大错误，只是单纯地反映存在困难、抱怨工作难做，但却没有任何证据支持，这样怎么会有说服力呢？于是，我针对现在的施工情况拟定了工作计划，并附上详细的图表，以精确的数据说明了当下的进度以及对项目工期的要求。队长看了以后发现确实存在问题，就及时地给我们班补足了人手。

张博士点评

　　虽说只是"虚惊一场"，问题最终得到解决，保证了项目的按期完成，但通过这件事情，小王深深地意识到，沟通真的是一门艺术——不同的沟通方式，产生的效果也是差异迥然。如何避免再出现类似的情况呢？小王找到了张博士，希望能得到更多的指点与建议。

　　对于小王当前求助的问题，张博士说出了自己的见解："在管理界一直有句名言，'要当好管理者，就要先当好被管理者'。由于工作角色与职能的不同，领导者在工作中要统揽全局，综合考虑，这就决定了他们对项目具体情况的了解很难做到面面俱到。也正因为如此，班组长要时刻保持主动与领导沟通的意识，这样才能在工作中及时得到来自领导的各种支持，在有效展示自我的同时，也能得到更多的机会和空间。"

跟上司汇报工作，你应该知道的

　　在工作过程中，及时汇报工作不仅能让"头儿"知晓你完成工作的情况，更能为你提供与上司沟通，加深彼此了解的机会。但在汇报工作时，我们还应注意以下几点。

　　（1）工作汇报要随时进行

　　① 在准备做一件事时，应提前向"头儿"作一下汇报。同时，在执行过程中也要不断汇报工作的进展情况，这样上司肯定会认为你是一个严谨、有头脑的人。

---

② 当你的工作已经取得了初步的成绩时，应主动向"头儿"汇报自己前一阶段的工作和下一步的打算。

③ 当工作中遇到关键问题时，要多向上司汇报。如果可以，最好能够同时给出自己的观点或是应对方案，为领导提供第一手的参考资料。

④ 当发生变动或异常时，一定要及时汇报，让"头儿"及时了解当时的状况。

（2）口头汇报要注意表达方式

① 在汇报工作前，要对上司有可能提出的问题做好准备。而在回答时，应注意抓住中心问题，以简洁、有条理的语言让上司了解问题的实质，而不必事无巨细地介绍。

② 尽量避免使用"大概"、"也许"、"可能"、"估计"这一类词，要力争做到准确、斩钉截铁，不能犹犹豫豫、含含糊糊。

③ 汇报的问题要有顺序，轻重缓急有所侧重。一般原则是，先讲最重要的事情，然后再讲次要的；先谈结论，然后补充证据。

张博士支招

谈到和领导的沟通，很多班组长会面露难色。尽管"头儿"对自己也算不错，彼此间也没什么冲突，并且心里也明白沟通的重要性，但一旦工作起来，仍会不自觉地减少与上司沟通的机会或者减少沟通的内容。基于此，张博士给出了以下四点建议，希望能促进班组长与"头儿"之间顺畅、有效地沟通。

（1）树立正确的沟通态度

在工作过程中，应该以怎样的态度来与"头儿"沟通？我们要坚持以下三个原则：尊重而不吹捧，在各方面维护领导的权威，支持、配合他们的工作，必要时能帮助领导解围、脱困，而不是一味吹捧；请示而不依赖，要有自己的主见，不事事依赖上级，在自己职权范围内能大胆负责，创造性地工作；主动而不越权，对工作要积极主动，善于提出自己意见，但同时又维护领导权威，不擅自超越自己职权，越权行事。

（2）平和接受来自领导的批评

在工作过程中，不管是因为被领导误解，还是真的犯了错，我们都要以平和的心态来接受领导的批评。一方面，在接受批评时，要表现出诚恳的态度，而不只是当作"耳边风"；另一方面，我们也要善于"利用"批评。领导批评我们是因为我们还有提升空间，对我们有着更高的期望。如果我们总是不服气、发牢骚，甚至同领导大动干戈，则会拉大自己和领导的感情距离。当领导认为一个人"批评不得"时，也就产生了主观印象——认为他"提拔不得"。

（3）有技巧地说出不同意见

当我们跟领导在工作中持有不同意见时，很容易陷入"是坚持真理，还是照顾领导面子"的两难境地。其实，对于领导来说，他们也需要下属能经常给出好的意见和建议，尤其是工作第一线的基础信息，以帮助他们拓宽思路，加深对项目细节的了解。但在这里需要注意的是，要有技巧地说出自己的不同意见。

管理学家卡耐基认为，人们不喜欢改变自己的决定，他们不可能在强迫和威胁下同意别人的观点，但他们愿意接受态度和蔼而又友善的开导。因此，对于那些直言相谏的下属，领导头疼的不是他提的意见，而往往是意见的提出方式。基于此，你可以从以下两方面入手。

① 先认同再提意见。如果能抓住领导意见中的某一处被你所认同的地方，加以大力肯定，而后提出不同的意见就更容易被接纳。例如："队长，您说得对，这些方面，我们的确应当充分给予重视，这是解决问题的前提之一。除此之外，我们是不是还可以……"

② 说明你的出发点。结束发言之时，别忘了强调你提出相反意见的出发点

是为了公司和团队的利益。坚持自我，但不坚持高姿态的发言方式，会更容易被领导接受和认可。

（4）真诚地接纳、认可领导

在工作过程中，我们往往希望领导能够真诚地接纳、认可我们，但要做到这一点，我们就要首先接纳和认可领导。试问，谁会喜欢一个对自己满腹抱怨、否定与怀疑的下属呢？

管理学家卡耐基说："要让别人成为自己的朋友，就要首先让自己成为他的朋友。"如果你真正对别人感兴趣、接纳他，相信不用多长时间，你们就会真正成为朋友。怎么样？赶快从现在开始行动起来吧，让自己"喜欢"上领导，增加跟领导的沟通、寻找并真诚地赞美他的优点、多参加集体活动……相信只要做到这些，你就会发现自己与领导沟通起来更顺畅了，而对方也对你充满善意，愿意帮助你成长。

心理知识百宝箱

"名片效应"

"名片效应"是指在人际交往过程中，如果我们表明自己与对方持有相同的态度和价值观，就会使对方感觉到你与他有更多的相似性，从而迅速拉近与你的心理距离，并愿意与你结成良好的人际关系。恰当地使用"心理名片"，可以帮助我们建立良好的人际关系。

要使"名片效应"起到应有的作用，我们就需要做好以下工作。首先，要善于捕捉对方的信息，把握其真实的态度，寻找其积极的、你可以接受的观点，制作一张有效地"心理名片"。其次，寻找时机，恰到好处地向对方出示你的"心理名片"，这样，对方很快就会接纳你，并愿意与你结成良好的人际关系。

第六章

"面" "面儿" 俱到

在工作过程中，很多班组长或许都有过这样的体会：人情值万金。

"面子管理"、"顺而不从"、班组"和谐"……为什么会出现这些问题，班组长该怎样才能既解决好问题，又能照顾和满足员工的心理需要？

深度的心理解析、有针对性的解决方法，一切答案尽在其中。

主题

面子管理、共情能力

蔚蓝之爱·从心开始

打人别打脸

第一节 给足"面子"

- 对于班组中的一些员工，尤其是爱面子的老员工，我该怎么管理更好呢？

- 在实际工作中，对问题的处理不仅要"合理"，还要"合情"，我该如何平衡两者的关系？

- 如何从员工爱面子的心理入手，实现对班组的更好管理呢？

新班长日志

201×年11月1日

在管理过程中，随着工作经验的日益积累，我逐渐发现了一个问题。在对某些员工的管理上，你越是强硬，他便越是跟你对着干。批评、惩罚，都起不到太好的效果，特别是对那些老员工，反而会让问题愈发严重。我想了很久一直没理出头绪，老班长老肖给我讲了他经历的一个故事。

老肖刚接手班组时，他们班是出了名的无组织、无纪律，每个人都是我行我素，没人把管理、制度当回事。那天，老员工范师傅忽然犯了懒，没请假便旷工在家。这在平常本不算个事儿，可是老班长竟然在下班后组织了5、6位员工一起到他家里"慰问"。同行的人中既有范师傅的同辈人，也有几个新来的"小孩儿"。老班长带着大家一起对范师傅嘘寒问暖："是不是病啦？""看医生没有？""不行就多休息几天，工作上的事儿有我们呢！"……大家的关心让范师傅面红耳赤，感到特别不好意思。

等第二天去上班时，老班长又专门找到范师傅，把无故旷工的问题提了出来。当时范师傅就主动承认了错误，并保证今后绝不会再犯。老班长说："你是班里的老员工，也是其他员工学习的榜样。这一次旷工，先不论原因是什么，都已经违反了公司条例。基于你的认错态度很好，这一次我可以暂且放过，但今后再出现同类情况我绝对会秉公处理。同时，我希望你能真正发挥咱们班主力的作用，扭转班组中松散的风气。"经过这次沟通，范师傅再也没有无故旷工过，不仅认真做好自己的工作，还经常主动教育其他员工，带领大家一起工作，班组氛围也因此好了不少。

听完老班长的故事，我感觉眼前豁然一亮。原来巧妙地利用员工的"爱面子"心理，也能促进我们的管理工作啊！看来这个方面得多学习才行。

张博士点评

为什么通过"爱面子"心理能促进管理？如何能在管理中有效地应用这种心理呢？班组长小王找到了张博士，希望能了解关于"面子"的更多知识。

听小王讲明来意，张博士笑着说："提到'面子'，我们每个人都再熟悉不过了。中国人特别重人情世故，既要给自己争'面子'，也要给别人留'面子'。的确，'面子'心理会导致爱攀比、重表面等一系列问题，给管理带来困难，但如果使用恰当，它也可以成为促进管理的有效工具。"

有关"面子"的知识

"面子"的心理含义

"面子"究竟是什么？美国著名心理学家马斯洛在他的"需要层次理论"中，提出了"尊重需要"这一概念。他认为，尊重的需要可分为内部尊重和外部尊重。内部尊重是指一个人希望自己在各种不同情境中表现得有实力、能胜任、充满信心、能独立自主，即人的自尊；而外部尊重是指一个人希望有地位、有威信，受到别人的尊重、信赖和赞赏，也就是通常所说的"有面子"。这在一定程度上可以帮助我们解释人类如此重视"面子"的原因。

解读"留面子"效应

当一个人犯了错误却不希望被当众批评、责难时，当一个人不想隐私被公布时，如果他的上司真的给他"留面子"，没有公开批评、曝光，那他就会对上司充满感激，工作也会加倍努力。在人情心理学中，人们把由于保全某人面子而使他产生心理上积极变化的现象，称之为"留面子"效应。

为什么保留了一个人的面子，他的积极性、责任感会更强呢？主要原因有以下几方面：

① **心理的互惠**。通过"留面子"，上司给下属以面子，会给他人留下宽容、大度、体贴的良好印象；而下属也因为免去了责骂与受训，保住了脸面，有了以行动表达感恩的机会，给他人留下了知错即改的好印象。互惠作用是产生"留面子"效应的重要因素。

② 对**"丢面子"的恐惧**。中国人都爱面子，怕丢脸，怕遭人议论，怕"日后抬不起头来"。这一种恐惧心理极易引发人的害羞与尴尬反应，并产生紧张、恐慌、焦虑等各种消极情绪。由此，为了"不

丢面子",员工就不得不作出万分努力,来尽可能保住面子,从而产生"留面子"效应。

③ **自我印象的管理作用。**在班组中,每个人都希望给他人留下一个积极、正面的印象,但在实际工作中,由于种种原因并没有做得很理想。这时,个体就会对自我形象进行调整,以尽可能接近最初的理想目标,并通过努力改正错误、努力工作的行为来加以实现。

正如一位学者所说的:我们之所以这么照顾面子,是因为我们要去成就自己在别人眼中的形象。而我们这么在乎形象,主要是我们有强烈的"观众"性格,面皮薄、耳根软,听不得他人的议论。

张博士支招

"爱面子"本身未必是坏事,因为它与进取心之间只有一墙之隔。如果能把"爱面子"转变为进取心,那它就是推动员工进步的最深刻动力。班组长该如何利用员工"爱面子"的心理,通过"面子管理"来有效推进管理工作的进行呢?张博士给出了以下建议。

(1)恰当地批评员工——"留面子"

一名优秀员工的成长过程,就是一个不断犯错误和不断改正错误的过程。批评绝不是把人骂一顿就了事。如果班组长不懂得如何批评员工,就会降低员工的工作积极性,甚至导致彼此的对立,造成人际关系的紧张。在批评时,班组长既要给员工"留面子",又要恰当地批评、指出错误,让他及时发现问题,并作出改正。如果有余力的话,还应在事后加以持续关注,引导员工走上正确的方向,避免他再犯同样的错误。

在批评之前，班组长需要做好以下准备工作。首先，要了解事情的原委，获得第一手的真实资料；其次，要耐心听当事人对事情的解释，避免误会。在此基础上，班组长再根据具体情况对员工作出批评。

批评的方式有很多种，这就需要班组长根据具体的当事人和事件进行选择。比如，性格内向的人对别人的评价非常敏感，可以采取以鼓励为主、委婉劝诱的批评方式；对于生性固执或自我感觉良好的员工，可以直白地告诉他犯了什么错误，以期对他有所警醒。另外，对于较为严重的原则性、方向性错误，为了以儆效尤，应采取正式的、公开的批评方式；而对于轻微的错误，则可以在私下里点到为止。

班组长在批评员工时，要坚持对事不对人的原则，只评价事情做得如何，不评价人的好坏。这样不仅可以防止员工产生误解，认为对其有偏见，也有利于员工客观地评价自己的问题，让其心服口服。

（2）及时地赞扬员工——"增加面子"

人人都希望获得赞扬与肯定。赞扬，可以帮助员工建立信心，给员工"长面子"，增加他承担重任的勇气。既然是要为员工增加"面子"，所以赞扬应当更加正式、公开地进行。比如，在每周的例会后给表现突出的员工以口头表扬，让班组里所有人都能看到，也刺激其他人努力工作。但班组长在赞扬时应注意遣词造句的准确性，避免鼓励一个，打击一帮。

（3）有效地督促员工——"争面子"

在班组中，员工的"面子"主要源于自身的知识水平、工作能力、工作业绩和处事态度。班组长应该让员工认识到，"面子"的获得主要是靠自己争取，要靠自己不断地学习获得竞争力，不断努力取得杰出业绩，不断尝试建立良好的人际关系。可以试着开辟一个"光荣榜"，每周选出一名工作最出色的"标兵"

供大家学习。这样无论是无缘上榜的员工，还是曾经的"标兵"，班组中每个人都会按捺不住自己的期待，摩拳擦掌地想要给自己争一回"面子"。

（4）给员工改正错误的机会——"挽回面子"

一个好的班组长，要有容人之量，对待员工所犯的错误，应当给予应有同情和理解。只要员工懂得改进，便仍是一个称职的员工。

对犯错误的员工，如果他已经认识到问题，并愿意积极做出改正，这时班组长不妨给他台阶下，让他摆脱尴尬的局面，免于"丢面子"的窘境。同时，在批评过后也应当尽量给他们提供、寻找"挽回面子"的机会，以重新唤起其工作热情和进取心。比如，让他们更多地负责自己擅长的工作，或是在工作外开展其他活动让他们一展身手。总之，对于那些"丢了面子"的员工，班组长应当帮助他们寻找一个展示自己的平台，让他们能够"挽回面子"。

心理知识百宝箱

"留面子技术"

"留面子技术"是指在人际交往过程中，当个体拒绝了他人的一个要求后，会愿意作出一点让步，给他人留一个面子——接受较小的要求，以使他人获得满足。

心理学家查尔迪尼等人曾做这样一项研究。研究者将参与实验的大学生分成两组，对第一组大学生，要求他们带着一群孩子去动物园玩一次，需要花费两个小时，只有1/6的学生答应了这个请求；而对第二组大学生，首先请求他们花两年时间担任一个少年管教所的义务辅导员，几乎所有的大学生都谢绝了，接着研究者又提出了一个小的要求，让大学生带领孩子们去动物园玩两个小时，结果一大半的学生都答应了这个请求！

在管理过程中，如何应用"留面子技术"呢？在给员工的工作提出要求时，先提出一个大的要求，在员工拒绝或表示为难后，再提出一个真正符合他情况的较小要求，这样他就会很乐意接受这个小的要求。

第二节 "顺"而又"从"

● 对于班组的工作，员工们经常会出现"顺而不从"的现象，这是怎么回事？

● 制定了管理规章，但为什么有的员工却总是选择"忽视"，屡教屡犯？

● 如何有效改变员工"顺而不从"、只说不做的不良行为？

新班长日志

201×年11月18日

　　小马是最近才调到我们班组的，活儿虽然干得不错，速度也很快，但却是个公认的"滑头"，工作不积极不说，干活时还总是变着法儿地耍滑头、偷懒。其他人都在挥汗如雨地干活儿，就他一个人不紧不慢，优哉游哉，谁看了能没意见呢？为了不影响大伙儿的工作积极性，我主动找到这个"偷懒大王"，想跟他聊聊。

　　一个外地来的小伙子，年纪轻轻的就离家出来打拼，实在不容易。所以我也没直截了当地批评他，而是委婉地把问题给他指了出来，还拿出自己这些年的心得体会跟他分享，什么"勤能补拙是良训"、"宝剑锋自磨砺出"地讲了一大通，他听得挺认真，不住地点头称是。听完以后，他拍着胸脯向我保证以后一定好好工作，绝不偷懒。我觉得这小伙儿不错，挺明白事儿，又鼓励了几句便让他回去工作了。

　　谁知道没过两天小马便"旧病复发"了，起先还稍微伪装一下，当着我的面好好干活儿，再后来一看见我来了，他就变着法儿地找借口开溜，就是不肯踏实干活儿。我又找他谈了几次，每次都是雷声大雨点小，落实不到行动上。这可愁坏我了，表面上对你言听计从，实际上却完全不理你那一套，这样的员工该怎么管理呢？

张博士点评

　　看着班组里因为有了这么一个"活宝"而产生了诸多矛盾和问题，班长小王的眉头不由得皱到了一起。唉，真是愁人，这可怎么办呢？实在无计可施的小王只得去找张博士，希望听一下他对于小马问题的解释，并找到一些相应的解决方法。

　　听小王讲述完有关员工小马的"个人事迹"，张博士说："在管理过程中，管理者经常会遇到这样的问题。布置工作时，员工满口答应，但到真正执行时，却马马虎虎，尽打折扣；指出错误或不足时，员工态度真挚，并一再保证不会再犯，但坚持不了几天就故态重萌等。为什么会出现这些问题？答案只有一个——员工的执行力不足。"

　　看着小王满是疑惑的表情，张博士接着说："什么是执行力？用一句简单的话说，执行力就是按质按量、不折不扣地完成工作任务的能力。那执行力到底有多重要？我举一个例子吧。东北一家大型国企因为经营不善导致破产，被日本一家财团收购。厂里的员工都翘首盼望着日本企业能带来一些先进的管理方法。但出乎意料的是，日本企业却只派了几个人来，除了财务、管理、技术等关键部门的高级管理人员换成了日方人员外，其他的没有任何变动，制度没变、人员没变、机器设备没变。而日方只有一个要求，把以前制定的制度和标准坚定不移地执行下去。结果不到一年，企业就扭亏为盈了。"

为什么员工"执行无力"

在工作过程中，是什么让执行力变成了"执行无力"？大量研究证实，除了极少数情况下是由员工自身性格、生活习惯等因素外，在班组管理过程中影响员工执行力，导致"顺而不从"问题的因素主要有以下几个方面。

（1）领导威信不足，缺乏号召力

在管理过程中，如果班组长缺乏威信，就会导致员工的执行力降低，有令不行，有禁不止。作为班组长，凡是要求员工必须遵从、执行的事情，班组长也必须要做到，并有使他们心服口服的理由才行。如果无法做到这一点，无疑会导致员工对班组长个人及班组管理的抵触情绪，从而降低执行力。

（2）双方各自为政，缺乏有效沟通

一项调查显示，有近50%的人认为缺乏沟通是导致执行力降低的最主要原因。一方面，如果员工没有参与计划制订、工作分配的过程，他们对计划和工作就会缺少认同感，导致被动执行；另一方面，当员工在执行过程中遇到困难时，如果他不能通过方便、快捷的渠道及时与班组长沟通，就只能按照自己的理解和方式去解决问题，导致最终结果偏离原有预期。

（3）实施计划无限期，生产过程无人管

精心制订的计划部署下去，却没有说明具体的完成期限，或只把工作分配下去，但对工作过程却不作监管，都会使员工产生诸如"反正没有说要什么时候完成，慢慢干吧。""工作时又没有人来跟进，何必那么积极呢？"等消极想法，并最终导致执行力下降，产生拖拉、推诿等"顺而不从"的问题。

（4）绩效考核不到位，即时奖惩难兑现

在工作过程中，如果相关的班组管理条例只是随意的口头描述，却没有形成明确的文字，而在考核时又未能严格把关，使奖惩没有得到及时、保质保量的兑现，这些因素就会让激励这支本该又狠又准的利剑变成软弱无力的棉花团，降低员工的执行力。

张博士支招

那谁该对员工的执行力负责呢？

说到这个问题，很多人也许会习惯性感慨说现在用人难，员工不肯卖力干活，只顾为自己着想，却不为公司考虑，对工作不上心。他们认为员工的执行力差是因为员工自身没能力、态度不给力、行动不努力。但实际上这种观点是非常片面的，因为这把管理者自身在执行过程中的重要角色排除在外了。

作为班组长，我们该如何有效解决员工"顺而不从"的问题，使他们能够按照我们的期望做出改变呢？张博士对此给出了以下几条建议。

（1）从点滴小事做起，树立领导威信

班组长体现自己权威的一个重要方面，就是让自己的业绩说话，以业绩树立权威，人们平常所说的"是骡子是马拉出来遛遛"就是这个道理。只要有真才实学，只要有能力做出令人瞩目的业绩，何愁没有威信呢？

威信的树立并不是一件简单的事情，它必须从小事做起，在管理中注意细微小事，在点滴积累中逐渐树立起自己的威信。另一方面，作为一名班组长，压力下的自如应对、危机下的泰然自若等诸多的优秀心理素质本身也可以树立一种

威信。

（2）从加强沟通出发，增进彼此认同

有一句至理名言："人不能改变另一个人，而只能促使他做出改变。"作为班组长，要想从根本上解决"顺而不从"的问题，就要让员工在内心真正意识到改变的必要性，自发地做出改变。

找一个彼此方便的时间，跟员工坐到一起，认真地讨论一下这个问题。在谈话之初，你可以这样开始：关于未来，关于自己的发展，关于当前的工作，你有什么想法？当你真正站在员工切身利益的角度来分析问题的时候，必然会引起员工内心的震动与接纳。而当彼此对问题进行深入地探讨，班组长给予员工以鼓励和支持的时候，则会促成他们在内心进行改变的想法。

（3）耐心指导监督，逐步促成改变

在一定程度上，要员工一下就彻底改变是存在一定困难的。而对于部分问题，尽管员工可能认识到了改变的必要性，但对如何实现仍一知半解。正因为如此，班组长在这个过程中，要以十分的耐心与细心，指导、督促他们做出改变。

班组长可以通过细化要求，帮助员工一步步地实现转变。比如，就"偷懒问题"而言，班组长可以试着将要求具体分为三步：首先是要坚守自己的岗位，不随意脱岗；其次应制订详细的改变进程表，对每一阶段需作出的改变做出较清晰的界定，如不再出现随意旷工、迟到的问题，工作效率显著提高（可按产品数量计件，或由其他员工打分）；最后，在征得员工同意后，要让其定时汇报工作成果。一开始可以多一些，如每天中午和晚上休息时各汇报一次，效果良好的话便可以渐渐减少次数，直到能够完全改正、不再反复为止。

（4）加强制度建设，做到奖惩合理

在让员工产生要改变的想法后，还需要对其改变的过程进行及时检查与监督，并设立相应的奖惩制度作为有效保证。否则，由于员工很容易受个人性格、生活习惯、工作环境等因素的影响，产生"三分钟热度"现象，导致改变的半途

而废。

一方面，对于员工在工作过程中表现出的改善与进步，班组长要给出及时的鼓励和认可，以此强化其积极行为的养成。比如，班前会上的口头表扬，给予一定的物质鼓励，或让其负责一些重要的工作。另一方面，对于之后可能出现的"故态重萌"问题，班组长要进行及时的沟通和教育，使员工从思想上保持警惕，能持续地以较高新标准要求自己，并最终实现良好行为的固化。

心理知识百宝箱

"21 天效应"

"21 天效应"是指一个人的新习惯的养成及巩固，至少需要 21 天的时间。也就是说，一个人的动作或想法，如果重复 21 天就会变成一个习惯性的动作或想法，加以固定下来。

心理学家对习惯的形成过程进行了划分。

第一阶段：1~7 天左右。此阶段的特征是"刻意、不自然"。你需要十分刻意地去提醒员工做出改变，而他也会因此觉得有些不自然、不舒服。

第二阶段：7~21 天左右。不要放弃第一阶段的努力，继续重复，跨入第二阶段。此阶段的特征是"刻意、自然"。员工已经觉得比较自然、比较舒服了，但如果一不留意，他还可能会回复到从前，因此，你仍然需要刻意提醒员工注意改变。

第三阶段：21~90 天左右。此阶段的特征是"不经意，自然"，其实这时已经形成习惯，是"习惯的稳定期"。一旦跨入这个阶段，你就已经基本完成了对员工的改造，而这项习惯已经成为员工生活中的一个有机组成部分，它会自然而然地为其"效劳"。

好习惯，坏习惯，均是如此，都是在不断的重复中慢慢形成的。心理学研究还指出，一项简单的行动，如果能坚持重复 21 天以上，就会形成习惯；坚持 90 天以上，就会形成稳定习惯；而如果达到 365 天以上，这个习惯就已经非常牢固，想改变都很困难。

因此，根据"21 天效应"，对于需要员工做出的改进，班组长要根据习惯形成的三个阶段的不同特征，对正处于不同阶段的员工加深了解，并相应采用严格监督、隔天检查、偶尔抽查的方法，用十分的细心、耐心和恒心来帮助其改变。

第三节 点滴关爱暖人心

- 一个好的班组长不单要带好工作，更要照顾好员工的生活，但我该怎么做呢？

- 员工在工作中遇到什么问题很容易了解，但我该如何了解员工的生活，并给予帮助呢？

- 究竟该如何在生活上给予员工更多温暖，才能培养温馨的班组氛围呢？

新班长日志

201×年12月2日

这些天我一直在思考，优秀的班组长要具备哪些素质，仅仅把班组管理好就够了吗？而在跟老班长讨论过这个问题后，他的话让我对此又有了新的认识。老肖给我讲了他所遇到的一个例子。

某司机班共有员工24人，其中一多半都是女工。由于要负责全车间设备、材料、产品的吊装工作，所以司机班必须按照三班轮班制转换执勤，这可难坏了这些女工。她们的家离厂远近不一，有的初为人母，有的要照顾老人，总之各有各的难处。尤其是二、三班交班时已经是深夜，刚下班的不敢回家，该上班的也不敢独自过来，所以每到要倒班时员工便胡乱在厂里找个地方挨到天亮，但这样既耽误了员工休息，也影响了工作的正常进行。

前几届班组长虽然也关心员工，对这个问题作了一些努力，但始终成效不大。直到去年换了新班长老罗，问题才得到了根本性的解决。他先是到班组内了解情况，给那些有特殊情况的员工多安排一些白班，减轻她们的后顾之忧；然后又组织大家腾出了一间仓库，经过细致打扫、精心布置后作为班组的倒班宿舍。这样一来，上下夜班的员工，尤其是女工就不必再担心走夜路的问题了，而能在宿舍这个"新家"中好好休息，也给员工提供了更多的接触机会，让整个班组的氛围变得分外温馨、融洽，工作效率也提高了不少。

听老班长讲完，我本来觉得自己已经做得不错了，现在看来还真是差一大截呢，今后得继续努力才行！

张博士点评

从老班长那里回来，小王开始认真地思考起自己今后如何对班组员工进行管理，以及从生活上关心和照顾员工的问题。想了很久，似乎有了一些眉目，但有些地方却还是不知道该怎么做。于是，小王找到了张博士，想听一下他的建议。

听小王说出自己的问题，张博士说："小伙子，恭喜你了，因为你正在朝着优秀班组长的目标不断迈进。相信每个班组长的心中都有着这样一幅蓝图——班长、员工之间始终洋溢着团结一致、积极向上、互相关爱与理解的和谐氛围，班组的全体成员心往一处想、劲往一处使……那我们该如何实现这个美好的愿景呢？身为'兵头将尾'的班组长无疑在其中发挥着决定性的作用。"

小王不禁点了点头，赞同地说："在跟老班长沟通的时候，他也是这么认为的。"

关于如何营造温馨氛围，构建和谐班组，张博士进行了深刻的分析。

创建和谐班组

相关研究早已证实，和谐班组的建立对于增强员工的凝聚力和团队精神，激发其工作潜力具有重要的作用与意义。和谐班组包括以下三个层面。

（1）员工与外部环境的和谐

外部环境是指能够影响员工工作、生活与发展的一切外部因素的总和。包括员工与其他班组、公司的关系协调，与家人、朋友的关系处理，居住的环境，与邻居的关系等。员工与外部环境的和谐与否是影响班组和谐的重要因素。

（2）员工在班组内部的和谐

班组内部班组长与员工以及员工之间关系的和谐是影响班组和谐氛围、形成团队合力的最关键因素。当班组内建立和谐的氛围后，班组员工间应该是这样一种状态——员工能以坦诚的态度与其他成员进行沟通，对班组的认可度较高，愿意积极投入到班组的各种活动中，并会主动在其他人遇到困难时伸出援手。

（3）员工自身的和谐

员工自身的和谐是实现前两种和谐的基础。在班组评估过程中，一个员工是否拥有阳光的心态，拥有面对逆境的转化能力和承受能力；能否正确地看待挫折，在外界环境不如意时，能够快乐工作和生活，这是评价一个员工，乃至班组的一个重要标准。

张博士支招

班组作为企业最基本的组织细胞以及工作的出发点，营造和谐、温馨的班组氛围，对于促进企业发展和建立良好工作环境都有着显而易见的重要作用。那我们该如何建立和谐班组、培养温馨氛围呢？班组长在日常工作中可以从以下几方面入手。

（1）提升自己，科学管理班组

作为班组的带头人，班组长能否在管理中不断提升自己，以科学、有效的方式来开展管理、安排工作无疑是建立和谐氛围的基础所在。

科学有效地管理班组，主要表现在以下方面：能否根据项目状况和员工情况，提出有效解决策略，合理安排工作；日常工作中奖惩是否公平，处事是否公正；遇到紧急情况，能否以从容的态度应对，并及时采取有效的措施解决问题；能否给员工提供学习的平台，耐心、细致地引导员工不断进步，并带动班组的良性发展。这就要求班组长在工作过程中，一方面要不断加强学习、拓展思路，引入新的管理方法与理念；另一方面还要不断总结经验，并结合班组的实际情况，摸索、建立起真正行之有效的管理办法。

（2）合理规划，丰富员工生活

对于班组员工，尤其是从事户外、海上作业的员工来说，由于工作单调、信息沟通不畅等原因，都容易导致员工出现焦虑、抑郁等"倦怠"表现。这就要求班组长要学会合理规划，丰富员工的生活。

一方面，班组长要为日常工作制订出详细的计划，并在征得员工同意的基础上按计划有条理地逐步推进，以确保工作进度，避免不必要的拖延。另一方面，紧张工作之余，在工间休息或周末假期中，班组长可以通过组织各种文体活动来丰富员工的生活。如，组织读书/报会，侃一侃时事热点、出游等，让疲惫的身心轻松一下；鼓励员工培养特长，唱歌、篮球、足球、下棋等，通过班组内外的交流或竞赛让其得到发挥、锻炼。

（3）增进沟通，走进员工内心

在班组管理中，如果我们对于一个员工的生活状况一无所知，那又何谈去关心他的生活呢？因此，班组长要主动找时间、找机会与员工沟通，增进对他的了解。

一般情况下，采用"拉家常式"的沟通效果较好。谈一谈怎么教育孩子，讲一讲怎么赡养老人，说一说现在的衣食住行等。这样既可以帮助员工缓解工作带来的紧张情绪，又可以帮助我们搜集员工生活状况的第一手信息。同时，在谈论"家长里短"的过程中，班组长与员工的心理距离也渐渐拉近了，员工遇到了麻烦事自然也更愿意找我们倾诉，而这又给我们进一步关爱员工提供了更多的契机。

（4）伸出援手，集体度过难关

在工作过程中，我们会发现有的员工正在经历诸如家庭遭遇变故、亲人身患重病、孩子上学没钱等各种困难。在这个时刻，不管员工有没有向我们主动求助，都是他内心脆弱、需要支持的关键时刻。而这时的关心与支持，也无疑更能打动员工的内心，让其更努力、积极地处理问题、干好工作。

这时，我们不妨先与员工进行一下沟通，了解问题的详细情况，以及他是否愿意将此事公开。如果愿意，班组长大可发动班组或部门的力量献计献策，并根据情况提供相应的精神和物质支持。比如，通过集体募捐，帮助员工筹集急需的经费；通过向组织或有关部门申请，帮助员工给孩子申请到助学金等。

这样也无疑会增加其他员工的安全感，让他们产生"如果我遇到同样问题，班组也一定会帮助我"的积极想法，从而愿意以更加积极的态度投入到工作中。

（5）强化员工培训力度，创造学习氛围

学习是一个企业发展的源动力，学习力的提升也是班组文化建设过程中不可回避的重要问题之一。企业在重视提升与培养班组长能力的同时，还应着眼于员工知识技能的培训。以创建学习型班组为载体，通过开展学技练功、技术攻关、读书评书等活动，在广大员工中形成一种求真务实的学习氛围，使班组成员工作学习化、学习工作化，引导员工感受学习的乐趣，享受学习的成果。在加大班组长及员工的培训方面，不仅要有管理知识和专业技能的传授，还要有心理调试、生活经验、处事与沟通技巧的训练。班组也可自己主办一些培养团队协作、心智模式的野外生存训练或极限挑战活动，利用培训的"超前导向型"和"现实实用性"两大利器，拓展班组的团队意识、沟通协作意识、自我超越意识、创新意识以及学习意识，拓宽视野，增长见识，提高班组工作的目标性和主动性。

心理知识百宝箱

"霍桑效应"

"霍桑效应"也叫做"宣泄效应"，即当员工感觉自己受到公司或领导的关注或关心时，学习和工作的效率就会大大增加。

心理学家曾做过这样一个实验。霍桑工厂是美国西部电器公司的一家分厂，为了提高工作效率，这个厂请来包括心理学家在内的各种专家，在大约两年的时间内找工人谈话达两万余人次，耐心听取工人对管理的意见和抱怨，让他们尽情地宣泄出来。结果，该工厂工人的工作效率大大提高。

为什么会出现这种现象？心理学家经过研究发现，当领导者或专家愿意倾听员工发泄压力、提出意见的时候，他们就会认为自己是领导关心和关注的对象，而这种受关注的感觉会促使他们加倍努力工作，证明自己是优秀的，是值

得关注的。

因此,当遇到员工向你抱怨、倾诉想法的时候,班组长一定不要粗鲁地将其打断,并用权力加以压制。耐心地倾听他们的意见,并给与积极的关注。每个人都想成为别人眼里最优秀的人,如果你能让员工感觉到他们是被认可的,就会充分激发出他们的工作激情和动力。

第七章
▌大水不冲龙王庙▌

　　在工作过程中，"和谐"是我们每个人追求的目标。但有时班组长与员工间、员工与员工间、班组与其他班组或部门间难免会发生各种误会或矛盾。

　　面对冲突，你会如何有效应对？

　　也许，此刻的你正为此发愁，找不到头绪，本章内容或许能帮你解开纷乱的思绪，找到解决的方法。

主题

冲突调解、和谐关系

蔚蓝之爱·从心开始

尊重　　客观

平等　　积极

大"度"能容

第一节　大"度"能容

◈ 真气死我了，已经强调多少次了，怎么老是出错呢？真想骂他们两句！

◈ 在跟员工谈问题的时候，老是忍不住想吼，想训他们，但……这样真的能解决问题吗？

◈ 我觉得下属总是漫不经心、偷懒耍滑，我该怎么办呢？

新班长日志

201×年10月8日

由于 2010 年之前所有项目的余料都没有及时退库，一直堆积在车间里，致使新材料的存放显得十分拥挤，车间领导对此十分重视。作为上任不久的班长，为了保证工程进度，也为了证明自己，我便跟领导拍了胸脯，保证一周内一定完成退库工作。

今天，班前会上我专门找了负责材料领取、分放的小徐，询问关于集装箱最近余料退库的情况。问过之后，发现退库工作没什么进展，我就着急了，小徐的态度也不是特别好，这更让我觉得他对这件事根本不重视，一时冲动下，我没多考虑就训了他。当时说完后，看着小徐气愤的样子，也知道自己的话可能有些问题。后来，虽然他按照我的安排，较快完成了余料的退库工作，但我看到小徐在工作上的积极性下降了，情绪也很低落，几乎不太与同事交流。我该怎么做呢？

张博士点评

带着种种疑惑，班长小王专门找张博士来"取经"了。

听了小王的叙述，张博士说："和谐班组沟通的基础是什么？其实答案很简单，就是尊重与接纳。在班组管理中，为什么总是会跟员工冲突不断？究其原因，往往就在于我们没有选对正确的表达语言与行为方式，让员工感觉自己没有被尊重和接纳。在班组管理过程中，面对办事不利、工作出错的员工，班组长该怎么处理？是把员工当作犯错的孩子一样加以批评、指责，还是在说话前多尝试换位思考，把对方当做成年人，使用'支持性沟通'方式呢？"

张博士帮着小王分析了在对话中，到底是什么地方出了问题。

故事回放

班长小王问："这些余料的退库清单递上去了吗？"

小徐小声地说："递上去了，他们说先这么等着，能退的时候再通知我们。"

小王正色道："抓紧时间催一催，别把清单递上去就完事了，这个事你得勤问着点看有什么进展，这点小事都干不好，拖这么长时间。"

（班组长心态解读：语气中充满了对员工"办事不利"的埋怨心态，同时也暗含了"你很无能"的指责，因而极易挫伤员工自尊心，引发员工的抵触情绪。）

小徐有些不满，有点委屈地说："采办部那边也要按流程走啊，反正我是把单子递上去了，能不能退、什么时间退又不是我说了算，跟我有什么关系啊。"

（员工心态解读：由于班组长的指责和埋怨，员工感到自己没有被理解和尊重，由此产生了愤怒、委屈、不服气的情绪和心态。）

小王急了，提高了嗓门说："不是把单子递上去就等着了，你要负责跟踪这件事，抓紧点时间！你看车间里还有地方放东西吗？你喊什么啊，尽快落实这个事。"

（班组长心态解读：此时，激烈的语气暗示员工要服从上级，有"以上压下"之嫌，极易刺伤员工自尊心，激起其强烈的逆反心理。）

还是同样的情境，我们看一下"支持性沟通"的对话应该是怎样的？

"支持性沟通"情景模拟

班长小王问："这些余料的退库清单递上去了吗？"

小徐小声说："递上去了，他们说先这么等着，能退的时候再通知我们。"

小王和颜悦色地说："哦，这样啊。这件事公司领导很重视，而且总这么等着，也会影响整个班组接下来的很多工作。我建议你勤问着点进展，争取早点儿退库。你的经验丰富，这件事也只有你能搞定了。"

（班组长在反馈信息时，首先说明了当前问题的重要性，并提出了问题的解决方案，同时也表达了小徐在处理这个问题上的专业性，对其能力进行了肯定。）

小徐赶紧说："采办部那边也得按流程走啊。嗯，马上退库是有些困难，不过我再问一下吧，或许还有商量的余地。"

（员工虽然感到了工作的困难度，但在听到班组长的具体建议，以及对自己能力的肯定后，产生了积极动力。）

小王拍了拍小徐的肩膀说："那就辛苦你了。库存工作是整个工程的重要后备支撑，相信你一定能做得很好。"

（对员工的努力表示认可，并表达了对其工作成果的良好期待，进一步增强员工的积极心态。）

三天后小徐汇报说，事情确定了，两天后可以退库。

张博士支招

"支持性沟通"是指在沟通过程中，尤其是在向员工传达指正性、批评性等负面信息的时候，班组长以积极的态度和言语反馈来解决问题，而不影响与班组成员的关系。张博士对班组长要把握的"支持性沟通"进而提出了三个要素。

（1）尊重员工

少用命令、质问的言语，多使用表示肯定、鼓励的支持性言语。"我就是让你负责这件事！""你这是怎么回事？有这么办事的吗？"……这样含有命令、质问口吻的言语使班组长显得高高在上，且不通情达理，难免令员工产生情绪。

（2）客观具体

坚持对事不对人，不因为员工做错某件事而否定其个人。"你真笨！""你总是这样拖拖拉拉！""你从来就没有准时过！""你这个人简直没救了！"……这样的话语打击面很广，容易由一件事扩展到对员工整体的否定。并且，缺乏具体性的批评起不到任何积极作用。

（3）平等对待

在实际工作过程中，由于受文化、年龄、地域、工作表现等因素的影响，班组长往往很难做到"一碗水端平"，平等地对待所有员工。但实际上，"差别对待"虽然可以很快调动起部分人的工作积极性，却也会使被冷落、忽视的员工内心产生反感、委屈的情绪，并极易产生"反抗同盟"小团体，阻碍班组工作的顺利进行。所以，在评判员工对错时一定要注意客观公正，不要因关系疏密而对员工采取差别对待。

（4）积极应对

出现问题时，积极为员工提供建议，而不是争论谁对谁错。一味的指责和追究不是积极的应对方式。"你看看你做的工作，我让你这么做了吗？你为什么总是跟我对着干呢？"这样的话对改善工作丝毫起不到作用，反而把自己和员工都放入了不良情绪中。

心理知识百宝箱

"期待效应"

又被称作"皮格马利翁效应"。皮格马利翁是古希腊神话中塞浦路斯的国王，他性格孤僻却酷爱雕塑，曾倾注了自己的全部心血，用象牙雕刻了一座美女雕像。在夜以继日的精雕细琢下，这位国王竟逐渐爱上了自己的作品。他为此茶饭不思，日夜祈求。终于，主神宙斯被他的真诚感动，使这尊雕塑变成了真人，并成为了他的妻子。

　　"皮格马利翁效应"说明，当我们对某件事情怀着非常强烈期望的时候，所期望的事情就会出现。也就是说，如果我们对一个人传递积极的期望，就会使他获得进步和发展。反之，如果我们向一个人传递消极的期望，则会使他自暴自弃，放弃努力。

　　因此，我们不妨多给员工一些积极、正向的期望，多传递一些鼓励和赞赏，以收获共同的发展及成长。

第二节　一双筷子不打架

● 在班组管理过程中，当员工间发生矛盾和冲突时该如何应对？

● 面对一帮年轻气盛、血气方刚的小伙子，如何才能搞好他们之间的关系？

● 员工间经常会因为一些小事闹矛盾，我到底该管还是不该管？

新班长日志

201×年10月21日

在工作过程中我逐渐意识到，由于性格、表达方式、想法等差异，不仅我和员工间会有冲突，员工内部也会发生各种矛盾。看来，要建立良好的班组氛围，仅仅搞好我跟员工间的关系是绝对不够的，解决员工内部冲突和保持良好关系也是班长要承担的重要工作之一。

上一周，我们承担的钻井船项目马上就要收尾了，但由于业主对质量要求非常苛刻，检验了几次，业主仍不满意。这天，业主又要来检验了，老员工张师傅对专门负责业务汇报的员工小孙说："一会儿业主来检验，你说话态度要好点，要配合好业主的工作，已经报过三次了，争取这次能通过，再通不过可就说不过去啦。"小孙当时只漫不经心地"嗯"了一声。不一会儿，有人告诉我，张师傅与小孙吵起来了。我马上赶过去，听张师傅怒气冲冲地说："我怎么告诉你的！让你好好说话，对业主态度好一点，你怎么搞的？咱们赶紧把这个活儿报过去了多好啊！"小孙也不甘示弱："我怎么了？我没说什么啊，他们本来就很挑剔！"

看着两个人剑拔弩张的样子，我马上过去调解，虽然最终并没有打起来，但从那以后，两个人就再没说过话。看着因为他们而显得有些压抑的班组氛围，我该怎么办呢？为了缓和两个人之间的矛盾，我分别找张师傅和小孙谈了话，但收效并不大。

张博士点评

无计可施的小王只得求助张博士，希望他的建议能帮自己度过眼前这个难关。得知小王的来意，张博士耐心地询问了事件发生的具体细节，随后说："尽管我们每个人都希望能跟他人建立和谐的人际关系，但由于个性、成长背景、年龄、技能、价值观、期望和工作风格等不同，员工之间产生冲突在所难免。当冲突发生时，就会制造一种敌意的团队氛围，导致员工士气下降、工作效率降低，对工作不满增加。美国的一项调查显示，导致绩效降低的原因有65%都是由员工冲突造成的。因此，解决好员工间冲突，不仅是建立良好班组氛围的需要，也是提高班组工作效能，构建优秀班组的重要基础。"

通过对具体情况的分析，张博士建议小王可以试试下面的第三者策略和调和策略。

有关员工冲突

当员工间发生矛盾时，班组长该如何介入、调和员工间的冲突呢？这里需要注意几个步骤：第一步，尽量弄清下属间产生矛盾冲突的原因是什么，矛盾发生的过程、程度以及影响范围有多大；第二步，无论面对怎样的矛盾，班组长对当事双方都一定要公正对待，偏袒只会使矛盾激化，甚至产生冲突转移，使矛盾更加复杂；第三步，班组长要针对不同的冲突内容与程度选择相应的解决办法。

根据具体情况的差异，冲突的解决主要有以下几种方式：

① **合作策略**。鼓励冲突双方把他们的利害关系结合起来，使对

方要求得到满足。

② **分享策略**。让冲突双方都能得到部分满足，即在双方要求之间寻求一个折中的解决方案，互相作出让步。

③ **回避策略**。估计双方冲突可以通过他们自我调解加以解决，就可以回避冲突，或用暗示的方法，鼓励冲突双方自己解决分歧。

④ **竞争策略**。允许冲突双方以竞争取胜，赢得别人的同情与支持。

⑤ **第三者策略**。当存在冲突双方可接受的另一位有权威且有助于冲突解决的第三者时，就可以通过他来解决冲突。

⑥ **调和策略**。在冲突的解决过程中，通过提供情感支持和安抚的方法，使一方或双方作出某些让步，以满足另一方的要求。

张博士支招

在一个班组中，如果缺乏和谐的氛围必然会影响到团队的凝聚力，进而导致整体绩效的下降，因此班组长有责任，也有必要来维护好员工间关系的融洽和顺畅。那在解决员工之间的冲突矛盾时，班组长该如何调节才算恰当呢？对此，张博士给出了以下几个"妙方"。

（1）有效倾听，了解问题始末

当员工间产生矛盾时，在一时愤怒之下，班组长很容易犯这样的错误，即不分青红皂白，先批评教育一番再说。这样做是非常不可取的。

正确的方法是找到当事双方，通过倾听，就存在的问题及真实情况做出界定，是的确存在冲突还是只是一种感觉上的误解？在了解员工心声后再加以处理。

（2）换位思考，提供情感支持

在调解的过程中，班组长要学会通过换位思考了解员工内心的真实感受和想法，以寻找解决问题的突破口。比如，在张师傅和小孙的冲突中，关键就在于双方都忽略了彼此的心理需要。张师傅希望项目通过检验，小孙希望自己得到尊重。找到问题的根源后，再调解起来会容易很多。

班组长在对冲突双方表示理解的同时，也要引导他们学会换位思考。比如让张师傅想象一下："如果你是小孙，听到别人那样说自己，你会有什么感觉？"让小孙也思考一下："如果你是张师傅，对于没有通过检验这样的情况，你会有什么感受？"这样，不仅有利于员工不良情绪的释放，也会促使员工从新的角度冷静地思考、分析问题。

（3）坚持中立，清晰界定问题

在调解过程中，班组长要以中立者的理性姿态来处理和分析问题。否则，对其中任何一方的赞同或批评都会使矛盾更加激化、升级。

此外，在跟员工了解情况时，由于他们在描述冲突原因时往往会用词含糊，班组长要通过引导员工，来清晰地界定问题。比如员工用"他总是命令我"、"他很目中无人"等话语进行描述时，班组长可以让他们讲出具体的行为细节，使问题更加清晰、具体。同时，为了让处于冲突中的员工不再感到自己被攻击，班组长还要引导他们放弃使用过于决断的语句，比如"他总是命令我"。这样的表达方式会让冲突双方都处于一种防备的状态。相应地，班组长可以要求员工使用一些不那么具有控诉性的语句，比如"我感到他经常在工作上命令我"。

（4）提出方案，督促矛盾解决

当冲突双方在调解中说明真相、表达不满后，班组长就要协调双方提出一个解决冲突的方案。在询问每个员工的建议，弄清双方的诉求后，班组长要以此为基础制订解决冲突的行动计划，对冲突双方需要作出的努力和改变进行充分说明。值得一提的是，班组长要确保冲突双方都能接受这个解决方案，并且了解自己在方案中的角色。

沟通结束后，班组长还要继续追踪冲突的解决情况，了解各方的反应，督促一些行为的改变。如果双方还不满意，就需要重新交涉并制订新解决方案。

（5）权衡轻重，选择解决方式

对于员工间的矛盾，班组长如果不去积极调节，那么就会引发更深层次的矛盾，并使这种不利影响在团队内扩散、蔓延。但研究也发现，班组长在关注员工间矛盾的同时，也要把握住一个度，不宜过于干涉。如果双方的矛盾并不影响他们的工作，班组长大可不必插手干涉，否则不利于锻炼员工自我化解矛盾冲突的能力；而当冲突已经影响到员工的工作表现，甚至团队的工作时，班组长就应该积极地进行调节和斡旋。

心理知识百宝箱

"波纹效应"

很多人有过这样的经历：本来大家都在安静地休息，突然有员工说了一句"这活儿太累了"，结果一石激起千层浪，抱怨的人越来越多，整个班组像炸开了锅。其实，这种一呼百应的现象在工作和生活中非常普遍，心理学家把它形象地称作"波纹效应"——就像把一颗石子扔到水里一样，平静的水面会溅起波纹，一圈圈地不断向外扩散。

"波纹效应"有好也有坏。比如，当班组成员对一项工作或决定表示支持、赞成的时候，就会引起大家的讨论与跟随，使班组士气大振；反之，如果不满意，这种消极情绪也会如波纹般传递，降低员工的工作热情。

因此，当员工间出现矛盾的时候，班组长一定要根据具体情况作出迅速、有效的处理，以防止由此产生的消极情绪对班组工作产生不利影响。

和谐班组

第三节　"唇""齿"相依

- 在工作过程中，有时不免会与兄弟班组间发生些矛盾，我该如何应对？

- 项目实施过程中，经常需要多个班组协作才能完成任务，班组间协作应注意些什么？

- 我发现班组间的很多摩擦都是由于误会导致的，我该如何有效避免？

新班长日志

201×年11月4日

　　自从上次跟"头儿"反映了人手短缺的问题后，他很快就安排另一个班组协助我们完成工作，这不禁使我暗喜自己的沟通成果。但没轻松多久，新的问题就又出现了，两个班组在沟通、协调工作时，一不小心就会"擦枪走火"，导致各种冲突。

　　就说上周吧，由于工期紧张，为了不耽误正常施工，我们决定加班往作业线里运送小型设备。刚弄完，兄弟班组的接班员工就都陆续来到了工地。"终于把设备都运过来了，接下来就辛苦你们班的员工在施工后帮忙收起来了。"在交接班时，我擦着满脸的汗水，跟兄弟班的班长老宋说，他很痛快地就答应了。但第二天我们接班时却发现，所有工具居然还在原来的地方放着，根本没有收起来。当时班里的几个员工就急了："你们怎么回事？我们班可是加班替你们把活儿干完了。可你们呢，帮忙收个工具都不干，你们是不是故意找事啊？"尽管老宋拼命解释，但员工们哪里听得进去啊，现场的气氛顿时就僵了起来，稍有不慎就会爆发成一场"战争"。说实话，当时我也很生气，但得以大局为重啊。因此，我也和老宋一起极力拦阻大家，这样两队人才没有打起来。

　　这工作该怎么开展下去？接下来需要两个班组共同协作、互相帮忙的地方多着呢！我真是又急又气，想破了脑袋也没找出合适的解决办法来。

张博士点评

唉，这是气糊涂了，怎么忘了向张博士这个"军师"请教呢？于是，小王便快步向张博士的办公室走去。

看着一脸焦急神情的小王，张博士忙让他坐下来，慢慢地把话说完。听小王讲完事情经过，张博士变得严肃起来，他认真地说："其实，项目推进的过程就是不同部门、班组间协同合作的过程。但正如你所遇到的情况一样，在协作过程中，我们很容易因为诸如工作分工、沟通不畅等原因导致冲突。要使项目得以按期完成，我们就必须要有效防范并及时解决班组间的冲突问题。

班组冲突的原因

从表面上看，不同部门、班组间的冲突往往是源于工作上的一些小事，看似细微，但实质上却是两个部门或班组如何维护自己的利益，并以此为基础与有关部门和班组合作的问题。在这里，导致冲突产生的原因主要有三个。

（1）缺乏有效的沟通机制，沟通不及时

由于缺乏正式（如班组会议、工作协商会等）或非正式（如私下的聚会、竞技比赛等）的沟通机制，双方基于自己班组的利益，会逐渐对彼此失去信任，并由此产生否定对方的负面情绪，处处防范以确保自己的利益。正如在小王的案例中，在这次冲突之前，两个班组间就已经存在一定的负面评价，这种情况下特别容易引发冲突。

（2）流程与职责划分不清晰，责任不明确

在工作过程中，对于彼此负责的工作流程与职责一定要划分清楚，尤其是责任交接点的划分和工作质量评估标准的制定。如果一个连续性工作的责任和标准没有明确，部门、班组间的争端与冲突就不会消除。

（3）害怕出错承担责任，合作不彻底

害怕承担导致工作失误的直接责任是合作不力的重要原因之一。正是由于在功过归属问题上的敏感性，部门、班组在合作时都表现得非常谨慎。一旦出现可能出错的情况，就会很快发生互相扯皮推诿责任、将问题交给领导、当甩手掌柜等问题，从而延误工作进度与降低工作效率。

张博士支招

部门、班组间的沟通与协作问题一直是困扰很多企业的头疼问题。部门之间、班组之间的关系能否融洽处理，将直接影响到项目的运转效率与进度水平。

面对随时可能出现、却又无法完全避免的班组冲突，我们该如何有效应对呢？张博士给出了以下几条建议。

（1）停止冲突，积极展开冲突沟通

在工作过程中，班组间要积极增进了解，多途径地互相沟通。否则在某一问题暴露后，片面性的信息会导致用人、工作量、职责等的争论，如果争论的结果不能得到有效疏通，就很容易造成双方的隔阂，为今后的冲突埋下伏笔。

一方面，班组长要做好班组成员的沟通和教育工作，教育员工要顾全大局，

遇事不冲动、不动用武力，并通过及时沟通来澄清误会、疏通隔阂；另一方面，班组长也要做好兄弟班组的沟通工作，不仅要互相通报彼此的工作进展，以此改进工作思路与方法，还要从全局出发，对合作过程中暴露出的问题进行尽可能客观、公正的讨论。

值得注意的是，由于不希望将沟通会议的气氛搞僵，有的班组长会选择将问题掩盖起来，其实这是不可取的。因为，问题的存在终将会影响到双方对工作的决策与合作的进程，而对它的暴露与讨论则是解决问题的前提与开始。

（2）明晰职责，努力达成观点一致

岗位不同、职责各异，有时甚至还存在职责的交叉或空白点，这就要求我们在协作过程中对各自的职责范围作出明确的界定与划分。比如，按照项目具体流程、操作规程的要求，双方经过协商后，明确各自的分工，以及交叉的工作该怎样衔接，然后以文字的形式固定下来。把责任落实到具体的负责班组或个人，这无疑将督促其更加努力、认真地做好本职工作，保证彼此合作的顺利进行。

（3）完善制度，以严格考核作为保证

不得不承认，在协作过程中，的确存在一方不能自觉履行职责的情况，这就要求建立一套完善而行之有效的管理制度作为有力保障。在开展考核时，要将管理制度严格的落实与执行作为考核依据，通过相应的奖励或惩罚来巩固或消除不遵守制度的行为。

（4）加强交流，全力预防冲突发生

实际上，不管如何化解冲突，它都会给班组工作和员工内心带来不利的影响。那我们该如何有效防止冲突发生呢？一个很重要的方法就是，加强交流，拉近班组间员工的内心距离。

你可以试试下述方法。周末假期的时候，双方班组共同组织一次聚会，让彼此在觥筹交错中放下内心的戒备，增进彼此的了解；组织一次篮球、足球或其

他体育比赛，让彼此在酣畅的汗水中，在大声的呐喊中拉近内心的距离；你也可以共同组成各种兴趣小组或活动，比如读书会、IT 小组、棋牌小组等，让员工在活动过程中成为朋友，而这正是避免冲突，或将冲突最小化的重要基础。

心理知识百宝箱

"破窗效应"

心理学研究发现一种奇怪现象，一间房子如果窗户破了，没有人去修补，隔不久，其它的窗户也会莫名其妙地被人打破；一面墙，如果出现一些涂鸦，没有及时清洗掉，很快，墙上就会布满了各种乱七八糟、不堪入目的东西；一个很干净的地方，人们会不好意思丢垃圾，但一旦地上有了垃圾，人们就会毫不犹豫地乱丢，而丝毫不感觉羞愧。

其实，在我们在生产过程中也能常见"破窗效应"的身影。对没有履行自身职责的行为，如果班组没有及时进行严肃处理，没有引起员工的重视，那就会使类似行为再次甚至多次重复发生；对于班组间的小冲突与摩擦，班组长不以为然，将会导致员工间最终发生更大的冲突。

在工作过程中，你是否也遇到过同样的问题？任何错误的行为，如果在开始时没有阻拦，就会形成风气，改也改不掉。这就犹如堤坝一样，如果一个小缺口没有得到及时修补，就很容易导致溃堤，造成无法弥补的损失。

第八章

▌海阔共飞跃▌

在班组管理过程中，我们总是遇到各种新的"危机"与挑战。身为班组长，该如何成功度过"危险"，抓住"机遇"？又该如何带领班组，推动班组文化建设？

随着工作经验的逐渐累积，班组长在憧憬"心"未来的同时，也不断地收获着"心"成长。增进心理资本、构建班组文化，在班组发展的道路上，你找到问题的答案了吗？

主题

心理资本、积极心态

蔚蓝之爱·从心开始

第一节　人生银行的"心理资本"增值

◈ 面对工作中的各种突发情况，总是会手忙脚乱，感觉难以应付，我该怎么办？

◈ 在工作和生活中，我该怎样培养自己抵抗压力、挫折的能力？

◈ 要想培养积极的班组氛围，我该从哪几方面入手？

新班长日志

201×年12月16日

不知不觉，我接管这个班组快一年了。在这些日子里，我和班组成员们一起经历了挫折时的困惑与失落，也体验了成功后的喜悦与自豪。一路走来，我深深地感受到，正是这不断的磨砺与支持，让我完成了从普通员工到合格班组长的跨越。更重要的是，我的内心在日益强大与不断成长。

前段时间，由于公司业务扩展需要，我手头有三个项目同步运行，每天要处理的事情非常多，工作负荷也很大。但就在这个时候，其中一个项目需要我出海配合，这让我很担心，我的离开会不会增大其他两个项目间的协调难度？在经历了内心的一阵慌乱后，我逐渐意识到，着急和紧张并不能解决问题，首先要保持冷静。我集中精力整理好了三个当前项目的工作重点，然后将各具体负责人聚到一起，对各项目所处的阶段、需要注意和解决的问题进行了逐一的沟通与解决。

出海后，面对复杂的工作任务，我一再提醒自己要冷静，并不断鼓励自己要把当前的困难看作是一次挑战、一次成长的机会。同时，我不断地与相关领导和项目人员进行沟通来获得他们的支持和帮助。最终，冷静、沉稳的心态使我从容解决了项目中的困难，并顺利完成了其它两个项目的协调工作。

你真的想象不到，当"头儿"赞扬地拍着我的肩膀，说我是个优秀班组长的时候，我是多么自豪与喜悦！

张博士点评

完成出海任务回来，小王着实又忙了一阵子。这天，终于能抽出些空闲，他决定去找张博士，想与他说一说自己这次的经历和体验，从而得到更多的指导和建议。

听小王绘声绘色地讲述着事情的经过，张博士认真地听着，脸上露出了赞许的笑容："嗯，处理得很好！恭喜你了，因为你在自己的人生银行中又存入了很大的一笔资本啊！"

"人生银行？"看着小王露出的疑惑神态，张博士接着说："人生在世，我们每个人都需要有安身立命的'心理资本'，就如同做生意需要资金资本一样。要知道，我们在日常工作、生活中的任何活动，都存在个人情感和态度的投入。这些投入来自哪里？就是来自我们的'心理资本'账户。我们在工作和生活中的每一次幸福体验、成功经历、个人成长，都是在往这个账户里储存资本；而每一次痛苦经历、心态消极以及人际冲突，则都是支取资本。时时保持饱满的信心，乐观地看待周围的人和事，遇到挫折主动应战，勇敢面对，总是充满希望地面对未来。做到这些，你的心理资本就会不断增值了。事实上，一个人如果想做出一番事业，并能够保持快乐、幸福的心态，就必须要学会积累自己的'心理资本'。"

心 理 资 本

"心理资本"简称 PCA（Psychological Capital Appreciation），是指个体在成长和发展过程中所表现出来的一种积极心理状态，是促进个人成长和绩效提升的心理资源。

心理资本主要包含四大核心要素：

自信：面对竞争和挑战信心十足，并愿意通过付出努力来积极主动地获得成功。

乐观：善于保持良好的心情，认可自己的能力，对事情的发展有控制感。

希望：对未来充满希望，同时又能为成功实现目标选择有效的方法。

韧性：即使遭遇逆境、冲突、失败和责任的压力，也能迅速恢复。

研究证实，拥有雄厚的心理资本可以使我们更加容易感到幸福，也更容易获得成功。一个满怀自信、乐观、坚韧和希望的人，不仅痛苦和伤害奈何不了他，平淡的生活也会处处生出乐趣。而同样，人生中的很多失败与挫折也是由于缺乏心理资本而产生的。

研究也发现，心理资本并不是与生俱来的，而是像储蓄金钱一样，在生活和工作中一点一滴地不断积累起来的。

张博士支招

通过对心理资本的有效开发，可以使个人和团队获得持续的竞争优势。因此，在班组管理过程中，班组长不仅要注意提升自己的积极心理资本，更要重视员工和整个班组的心理资本的培养。对此，张博士分别为班组长和员工开出了两张"妙方"，我们一起来看一下吧！

（1）掌握幸福的方法，提升自我心理资本

著名的幸福学研究者泰勒·本·沙哈尔说："一个幸福的人，必须要有一个明确的、可以带来快乐和意义的目标，然后努力地去追求。真正快乐的人，会在自己觉得有意义的生活方式里，享受它的点点滴滴。"在此基础上，沙哈尔提出了10条简单易行的幸福小帖士，可以帮助我们获得幸福。

① **遵从你内心的热情。** 选择对你有意义并且能让你快乐的事情，不要只是单纯为了简单容易达到，或是别人认为你应该做而选择。

② **多和朋友们在一起。** 亲密的人际关系，是你幸福感的信号，最有可能为你带来幸福，尽可能上班时间安排好所有工作，把业余时间留给自己和朋友，一部分业余时间给自己独处，一部分留给家人和朋友。

③ **接受失败。** 成功没有捷径，历史上有成就的人，总是敢于行动，也会经常失败。不要让对失败的恐惧，绊住你尝试新事物的脚步。

④ **接受完整的自己。** 失望、烦乱、悲伤是人性的一部分。接纳这些，并把它们当成自然之事，允许自己偶尔的失落和伤感。然后问问自己，能做些什么来让自己感觉好过一点。

⑤ **简化生活。** 更多并不总代表更好，好事多了，也不一定有利。你交了太多朋友了吗？参加了太多的活动吗？应求精而不在多。

⑥ **有规律地锻炼。** 体育运动是你生活中最重要的事情之一。每周只要3次，每次只要30分钟，就能大大改善你的身心健康。

⑦ **充足的睡眠。** 虽然有时"熬通宵"是不可避免的，但每天 7 到 9 小时的睡眠更是一笔非常棒的投资。这样，在醒着的时候，你会更有效率、更有创造力，也会更开心。

⑧ **慷慨的心灵。** 现在，你的钱包里可能没有太多钱，你也没有太多时间，但这并不意味着你无法助人。"给予"和"接受"是一件事的两个面。当我们帮助别人时，我们也在帮助自己；当我们帮助自己时，也是在间接地帮助他人。

⑨ **心怀勇敢。** 勇气并不是不怕恐惧，而是心怀恐惧，却仍依然向前。

⑩ **表达感激。** 生活中，不要把你的家人、朋友、健康、教育等这一切当成理所当然的。它们都是你回味无穷的礼物，记录他人的点滴恩惠，始终保持感恩之心。每天或至少每周一次，请你把它们记下来。

(2) 积极引导员工，培养积极的班组氛围

① 心理资本之提升员工自信。

自信，来源于我们对所要完成的事情能否成功的一种估计，也很容易受他人的影响。当别人相信自己时，我们就会更加自信。当然，自信并不是天天把"我能比别人更好"和"我最棒"的口号挂在嘴边那么简单，因为这样很容易走向自信的另一个极端——自大。员工的自信是建立在能够恰当定位、扬长避短的基础之上，并能成为"做最好的自己"的信念和信仰。

因此，班组长可以尝试以下方法：通过培训、指导，帮助员工（尤其是性格内向、自卑的员工）学会从事较高水准的工作，给员工获得成功的机会。因为当他们完成这些工作时，成功和收获后的喜悦会让他们的自信心油然而生；当他们遇到困难时，不要立刻完全"包办"，而是尽量通过在一旁耐心指点，让其依靠自己的力量解决问题，这样会让他们更容易产生自信。不要吝惜你的赞扬。适时、适度的称赞，会让员工产生自豪感与成就感，相应自信心也会得到提升。当然，这种称赞应当是切合实际的，否则只会起到相反的效果。

② 心理资本之提升员工希望。

在你的身边是否曾遇到过这些情况？新员工不断向你抱怨公司待遇低，看不到未来；老员工对工作非常"不投入"，总透着"当一天和尚撞一天钟"的劲头……他们这是怎么了？不要怀疑，他们缺少的就是"希望"。

希望，是指员工因为相信某一目标会实现而产生的一种积极心理状态。因此，对于班组长来说，要让员工看到希望，首先就要跟他们一起制定出一个目标——一个对于他们来说，充满诱惑，但又具有可行性，经过努力会实现的目标。比如，通过自身经历，向新员工传递努力才能成功的信念；通过设置适当的奖励（如奖金、假期等）激发老员工的工作热情与活力。除此之外，公正的工作环境、透明的沟通渠道、分享式的互动交流等也有助于员工提升对未来的希望。

③心理资本之提升员工乐观。

心理学研究发现，之所以会有乐观者与悲观者的差异，就是由于两者不同的归因方法所致。乐观者往往会把失败、挫折归因于暂时性因素，比如，自己的努力水平、运气、天气；而把成功归因于持久性因素，比如，自己的能力、工作的难度等。悲观者则恰好相反，他们往往习惯于把失败、挫折归因于诸如自身能力、工作难度等持久性因素，而把成功归因于运气、天气等因素。

因此，班组长要引导员工正确地认识和评价自己。要让员工既认识到自己的优势，也明确自己的不足，并在工作和生活中遇到挫折、不如意时，能够根据具体情况作出正确归因。当员工因为"钻牛角尖"作出错误归因而身陷沮丧、失落等情绪时，更需要班组长及时、耐心的开导与指点，帮助其作出正确归因。

④心理资本之提升员工韧性。

对于员工来说，韧性包括三方面内容：接受现实、战胜困难的能力；在困境中寻找希望的能力；随机应变解决问题的能力。当员工遇到困难，尤其是遭遇重大挫折时，韧性就显得尤其重要。

对于班组长来说，或许可以尝试给员工最好的"挫折教育"。请告诉员工，逆境与挫折是生活的一部分，人生正是在不断战胜它们的过程中获得发展；面对困难时一定要竭尽全力勇敢面对，不要试图逃避，也不要妄想逆境会自动消失；对每个人来说，遭遇逆境是人生的一次成长与飞跃，我们会因此变得更加成熟、有力量。

心理知识百宝箱

"希望"的力量

由于"心理资本"的不可见性，我们似乎很难真实地感受到它的重要作用。心理学家做的这个实验，也许可以帮我们呈现心理资本中"希望"对生活的真实影响。

将一只小白鼠丢入一个装满水的杯子里，它一般只能维持8分钟左右的生命。

如果在小白鼠挣扎5分钟左右时，放入一个可以让它爬出杯子的跳板，使之存活下来。若干天后，再将这只大难不死的小白鼠放入同样的杯子，它竟然可以坚持24分钟，3倍于一般情况下能够坚持的时间。

基于此，心理学家认为，没有逃生经验的小白鼠，只能凭自己本来的体力来挣扎求生；而有过逃生经验的小白鼠却多了一种精神的力量，它相信在某一个时刻，会有一个跳板出现救自己出去，这使得它能够坚持更长的时间。这种精神力量，就是积极的心态，或者说是小白鼠在前一次的成功逃生中积累起来的"希望"心理资本。

所以，无论你脚下的路有多么曲折，你前面的路有多么迷茫，请别放弃希望。内心怀有美好的希望，会让我们的人生路走得更远！

第二节 插上"隐形的翅膀"

● 有人说，班组是一个大家庭，我如何让员工真正融入这个大家庭呢？

● 在班组内组织活动要耗费时间和经历，这跟正常的工作有冲突吗？

● 在日常工作中，我该如何建立和维护积极向上的班组氛围？

新班长日志

201×年12月30日

临近年底，经过一个多星期的连续加班后，我们班终于按期完成了三个项目的任务。交接完工作，大家都感觉如释重负，瞬时变得轻松起来。正好明天是周末，几个小伙子便开始讨论明天该如何打发，结果大多数人的意见是，睡觉睡到自然醒！要不然能干什么呢？看着大家略显疲惫和无奈的神情，我思绪万千。由于项目多，工期紧，大家已经很久都没有好好休息过了，但怎么才能让他们休息好呢？稍作考虑后，我提出了一个建议："周六下午咱们班组举办一场篮球PK赛，然后晚上聚餐怎么样？"我一提出这个建议，立刻得到了几个小伙子的赞成。"大伙儿今晚可得好好休息，咱们得为明天的比赛攒足劲才行！"小东的话引来了大家的一片笑声。

周六的篮球赛大家都打得投入极了。不仅一向喜爱篮球的小东、小磊、"二王"他们玩得热火朝天，连一向自称不喜欢参加活动的老员工张师傅都按捺不住，上场比试了一番。在你来我往的一次次投篮中，在此起彼伏的叫好声中，我感觉大家的热情都被激发了出来，真的是一个充满力量的团队。

而到了晚上聚餐的时候就更热闹了。张师傅、小孙他们年底拿了奖金，小磊、小徐因为进步显著得到了"头儿"的表扬，经过我多次争取小东即将调到适合他的岗位……听员工们说着一年的收获与体会，我心里别提有多高兴了。觥筹交错间，员工们开始一个个向我敬酒，说着感谢的话。语言很简单，但听得出来，里面蕴含着深深的感情，看着一张张年轻的脸上洋溢着的真挚笑容，我心里感动极了。回首一年来的酸甜苦辣，那一刻，我觉得自己之前的所有投入与付出，都是值得的。

在这次活动过后，我感觉员工们不仅在工作上更加团结，在生活上也变得更加亲密、和睦了。看着整个班组和谐、向上的氛围，我心里别提有多高兴了。

张博士点评

如何才能更好地巩固、保持当前的良好氛围呢？想到这个问题，小王又犯了愁，一点头绪都没有。还是去找张博士咨询一下吧，相信他一定会有好的建议与方法。

听小王讲完当前的疑惑，张博士微笑着点了点头，他笑着说："小伙子，恭喜你了，你现在已经完成了良好班组文化建设的第一步！"

"班组文化？"看着小王略有所思，张博士接着说："是啊，班组文化是团结凝聚班组成员的桥梁和纽带，是班组建设的核心内容。作为创造和谐工作环境的基础，班组长在班组文化建设中发挥着非常重要的作用。班组长既是班组生产的带头人，又是生产技术骨干，而且是班组管理的组织者和实施者。国内外的诸多成功实例也表明，优秀、高效的班组文化是企业成功的基石。只有班组的潜能被激活了，才能更好地释放整个企业的创造张力，实现长足的发展。"

班组文化建设

加强班组文化建设，对于提高班组管理水平，提升团队凝聚力，增强员工的责任感和归属感，调动员工的积极性和创造性，具有重要的推动作用。关于班组文化建设，主要包括以下几方面内容：

①**学习文化**。通过推进"工作学习化，学习工作化"的理念，构建"学习型班组"。

②**制度文化**。通过建立健全的班组管理制度，使制度得到"不打折扣"的严格落实。

③**民主文化**。通过实施民主管理，充分尊重员工的知情权、建议权和诉求权。

④**管理文化**。通过推进规范管理、严格管理来不断提升管理水平。

⑤**责任文化**。通过教育员工树立"质量是企业生命"的理念，提升工作效率和质量。

⑥**安全文化**。本着"以人为本，关爱生命"的理念，加强安全防范，保护员工安全。

⑦**节约文化**。通过教育员工树立"节约即是创收"的理念，降低项目消耗。

⑧**服务文化**。通过树立"客户至上"的理念，提升服务质量，提高用户满意度。

⑨**团队文化**。通过培养员工的顾全大局、精诚团结的班组氛围，提升班组整体绩效。

⑩**环境文化**。通过严格管理建立环境整洁、秩序优良、形象良好的班组环境。

张博士支招

班组文化建设不是一朝一夕的事，而是一项长期工程，必须长久坚持下去。班组长既是技术骨干，又是管理者的双重身份，这也无疑对班组长的综合素质提出了更高的要求——班组长既要懂生产、精技术，又要有一套灵活的管理办法，能有效地带动班组成员，形成合力。

那我们该如何顺利开展班组文化建设工作呢？对此，张博士给出了以下几条建议。

（1）提高自我素质，不断改进班组管理模式

班组长可以从四个方面入手提升自我素质。一是加强学习，培养自己的技术专长和人格魅力，并能带头运用知识解决班组实际问题；二是总结经验，根据班组具体情况不断调整管理方法和模式，提升管理效率；三是勇于创新，构建班组建设的良性机制，比如，班组安全会议由组员轮流主持，每次变换一个主题；四是关心组员，从员工的思想、工作、生活与健康等多方面入手，不断优化班组内和谐、自主的工作环境。

（2）提升班组合力，构建班组和谐环境

要把构建和谐班组文化的意识渗透到每一名员工的心中，就要从构建班组和谐环境开始。这个过程贯穿于具体的工作中，需要通过班组长的带头示范，以及严格要求来加以有效保证。

首先，在班组管理和涉及员工切身利益的问题上，班组长要尽量发扬民主，尊重民意，吸取员工有益建议，调动员工参与管理的积极性；其次，对于影响员工关系、班组氛围的问题，班组长要及时关注、并加以有效解决，以避免造成更大的影响；再次，加强班组内的沟通，丰富员工生活，多组织以班组为单位的集体活动，以培养班组的凝聚力。

（3）引导员工提升，构建学习型班组

要使一个班组保持积极向上的良好氛围，就要加强员工的学习与培训。可以从三方面入手。首先，定期组织员工学文化、学技术，开展工作经验交流和读书体会；其次，改变以往"一人讲、大家听"的单向灌输培训方式，采用"轮流当老师、轮换做学生"的双向互动培训方式；第三，重视员工创新精神培养，在生产过程中不断完善和提升工作效率与质量，培养员工的技术攻关能力。

（4）明确具体要求，建立奖惩机制

在和谐班组的建设过程中，很多员工往往会在"达到什么水平才算好？"的问题上存在疑惑。因此，要想让员工切实地按照班组文化要求来进行生产、开展工作，就要首先根据班组的具体情况，对班组的各项规章要求、各项工作标准进行明确化、具体化。在此基础上，再辅以严格的奖惩机制，对员工的各种行为进行强化或消除，以保障对规章的有效执行。

心理知识百宝箱

"蝴蝶效应"

美国麻省理工学院教授洛伦兹在研究"长期天气预报"问题时，发现这样一种现象：她在计算机上用一组简化数据模拟天气的演变，原本是想利用计算机的高速运算来提高天气预报的准确性，但事与愿违，多次计算表明，初始条件的极微小差异，会导致结论产生巨大差异。她用形象的比喻解释了这个现象，一只小小的蝴蝶在巴西上空振动翅膀，它煽动起来的小小漩涡与其他气流汇合，可能在一个月后会引起美国得克萨斯州的一场风暴。这就是著名的"蝴蝶效应"。

"蝴蝶效应"告诉我们，一个极微小的起因，在经过一定时间的酝酿，及

其他因素的参与作用后，可以发展成极为巨大和复杂的影响力。

如何构建和保持良好的班组文化？也许你可以从一些小事开始做起。一句话的表述、一件事的处理，如果是正确和恰当的，就会给员工内心带来积极的影响，增进班组的和谐与稳定；而如果是错误和武断的，则可能给员工心灵带来消极的影响，削弱甚至摧毁良好的班组氛围。

第九章
班组建设考核量表案例

　　俗话说：三个臭皮匠，顶个诸葛亮。书本知识是智慧，实践经验也是智慧。在加强"三基"工作进程中，各单位、各班组结合实际创造了丰富的班组管理经验。

　　希望来自不同业务板块、不同单位的班组建设考核量表，能成为开启你思考班组建设的一把钥匙，让班组成为公司最有力的基石。

主题：

案例分享、经验交流

蔚蓝之爱·从心开始

班组建设考评表

案例一：海洋石油工程股份有限公司班组建设考评标准

内容	条款	分值	标准	分解分值	评分说明	自评分	考评分
一 基础管理 12分	1. 组织建设	2	组织健全，分工明确 班组长、工会小组长及其他各岗位职责清晰	1	组织健全，分工明确得 0.5 分 职责清晰得 0.3 分；其他岗位职责清晰得 0.2 分		
			主要工作流程明确、规范	1	工作流程规范得 1 分		
	2. 计划管理	3	根据本单位工作计划制定本班组月度和周工作目标和计划	1	有班组月度工作目标和计划得 0.5 分；有班组周工作目标和计划得 0.5 分		
			工作目标和计划能体现班组任务及单位工作目标，可量化、可考核	1	体现工作目标得 0.5 分；计划可量化或可考核得 0.5 分		
			工作目标、计划实施动态管理，有布置、有统计、有总结	1	实施动态管理得 0.5 分，有检查记录和总结得 0.5 分		
	3. 规章制度	4	班组各项基本规章制度健全，有条件的悬挂在显要位置	1	各项基本规章制度健全得 1 分		
			根据班组特点和实际需要，不断完善有关规定，具有可操作性	3	切合实际，持续完善有关规定的得 1 分；可操作性强得 2 分		
	4. 5S 管理	3	严格使用 5S 现场管理工具，做到"工完料净场地清"	3	物品摆放杂乱扣 1 分；安全通道不畅通扣 1 分；未严格穿戴劳保用品或正确使用工机具扣 1 分		
二 班组文化 15分	5. 职业道德	3	班组能弘扬海油传统精神、践行海工企业文化，爱岗敬业，无私奉献，遵章守纪，诚实守信	1	出现打架、斗殴、赌博等现象的扣 1 分		
			能正确处理国家、集体、个人三者利益之间的关系；具有质量意识、效率意识、制度意识、竞争意识和用户至上的理念	1	违反操作规程，受到业主和第三方投诉的扣 1 分		
			职能作用发挥好，服务业主意识强	1	职能作用发挥好，受到业主书面表扬的得 1 分		
	6. 团队建设	3	班组成员同心同德，人际关系融洽，班组有较强的凝聚力，组与组之间团结协作	1	关系融洽，团队精神发挥的好，有事迹宣传报道的得 1 分；组与组之间不能团结协作，影响工作的扣 1 分		
			开展有特色的班组文化活动，建设学习、创新型班组，争做学习、劳动、创新和贡献的模范	2	班组文化建设有特色，建设学习、创新型班组有效果得 1 分；在公司内部有影响力，有事迹宣传报道得 1 分		

内容	条款	分值	标准	分解分值	评分说明	自评分	考评分
二 班组文化 15分	7.执行力	4	及时准确贯彻执行上级指示精神和各项要求	1	未及时贯彻执行上级指示精神和各项要求的扣1分		
			自觉履行岗位职责、令行禁止	1	未履行岗位职责，有令不行、有禁不止扣1分		
			树立第一次就把事情做对做好的理念和严、慎、细、实的作风，工作质量高、效率高	2	平均值达到公司规定质量目标值的得1分，超出公司规定效率目标值的得1分		
	8.建家活动	5	开展建设职工小家活动，成效显著，能保持荣誉称号	2	获称号并保持的得2分；未保持称号的扣1分		
			班组组务公开，每年民主生活会不少于1次；重大事项实行民主决策	2	每年民主生活会不少于1次得1分；班务公开且民主决策得1分		
			班组成员关心集体，对班组建设积极提出有建设性的意见和建议	1	班组成员能够提出意见和建议得1分		
三 工作业绩 30分	9.完成任务	22	按上级生产计划高质高效完成任务	5	未高质高效完成任务的扣2～5分；提前完成任务的得5分		
			每月、每周有工作计划并按计划进行实施	12	每有一个月未按时完成任务扣1分，扣完为止		
			按要求完成计划外的临时工作	3	未按要求完成计划外的临时工作扣2分；按要求完成计划外临时工作的得3分		
			工作业绩突出	2	获分公司级以上奖励的得2分，未获得的不得分		
	10.创新活动	5	积极开展班组合理化建议活动，在工作中作用显著；班组内鼓励创新，小组成员有创新思维，并勇于探索和实践	5	有合理化建议或技术攻关得1分；获分公司级成果奖得2分；获公司级成果奖得4分；获总公司级成果奖得5分		
	11.开源节流	3	班组成员牢固树立"质量、成本、市场、效益"观念，降本增效有措施、有效果	3	有措施得1分；有效果得1分；有宣传报道得1分		
四 质量安全 25分	12.质量目标	9	落实本班组岗位质量目标和措施	3	达到班组和岗位规定目标值得2分；超出公司规定目标值1%以上得3分		
			班组无质量问题发生，无有章不循现象	6	按章操作、无质量问题得6分		
	13.质量规章	4	熟悉与本岗位有关的质量规章，并严格执行	2	熟悉本岗位质量规章得1分；严格执行得1分		
			做好各项质量记录，确保记录的准确性和可追溯性	2	有记录且准确得2分，无记录不得分		

内容	条款	分值	标准	分解分值	评分说明	自评分	考评分
四质量安全 25分	14. 质量活动	6	参加各级组织的质量活动，开展班组质量教育、质量分析活动	3	未参加组织的质量活动扣1.5分；未开展质量教育和分析活动扣1.5分		
			班组有兼职质量检查员并坚持质量自检互检	3	没有兼职质量检查员，不坚持质量自检互检扣3分		
	15. 安全生产	6	采取管理和技术安全措施，预防控制事故和职业病危害的发生；制定各类规章制度、编制工艺文件、进行工程设计应符合职业安全健康法规、标准；指导、检查基层执行情况	3	工作不落实或落实不到位的扣1～3分；保密、保卫、消防出现问题扣1～3分；执行不到位扣1～3分；扣完为止		
			落实单位保密、保卫、消防责任制；重点部位有防范和应急措施	3	重点部位无防范、应急措施扣2分；未落实责任制扣3分		
五人才培养 18分	16. 培训目标	5	班组有切实可行的培训计划，培训记录齐全	1	无计划扣0.5分，记录不全扣0.5分		
			积极参加业务培训，班组员工培训率达100%	2	低于100%的，扣2分		
			根据班组实际开展各种类型的培训活动，有一定的效果	2	没有培训扣2分，有培训但效果不好扣1分		
	17. 学习交流	4	组织、参加多种形式的技术交流活动，有目标、有内容、有记录	4	未开展技术交流活动的扣4分，有活动无记录扣2分		
	18. 岗位成才	2	推动班组长资格培训工作，积极开展传、帮、带活动	2	组内未开展传、帮、带活动扣1分，未培养后备班组长扣1分		
	19. 骨干作用	7	班组长表率作用突出，技术业务过硬，作风良好，善于管理与协调，能力得到认可	2	班组长表率作用不够突出扣1分；能力得不到认可扣1分		
			班组长表率作用突出，技术业务过硬，作风良好，善于管理与协调，能力得到认可	2	班组长表率作用不够突出扣1分；能力得不到认可扣1分		
			党、团员积极发挥作用，整体素质不断提高	2	未按要求参加"立功立项"、"劳动竞赛"、"青年文明号"创建活动的，党、团员作用发挥不好扣2分		
否决条件	20. 职工受到警告（含）以上党纪政纪处分				有一项即取消评审资格		
	21. 由于主观原因未按时完成任务						
	22. 发生重大质量事故、安全事故、廉洁自律事件						
	23. 虚报、瞒报质量、安全、廉洁自律问题真实情况						
	24. 发生重大失泄密事件						
	25. 未完成年度培训计划						

备注：考评分值达到75分以上的为"达标班组"；考评分值达到80分以上的可参加"红旗班组"评选；各单位"红旗班组"可参加公司"金牌班组"的评选。

案例二: 中海石油（中国）有限公司深圳分公司"五好"平台创建活动考评表

序号	考评项目	被考评单位	考评细项	总分值	具体考评标准	自评分值	检查分值	扣分原因	备注
一	健康安全环保好（100分）其中：现场出现下列情况之一不参与评选。1. 现场一人死亡 2. 现场多人永久残疾 3. 溢油100桶以上（无论是否为责任事故）4. 财产损失100万元以上（责任事故）	作业区或油田	1.1作业区年度HSE目标及作业区在HSE管理的支持力度	15	1.1.1 作业区完成年度HSE目标得5分，在健康、安全、环保三个单项中，任何一项出现超标扣1分，单项超标超过30%，则单项分数为0（5分）				
					1.1.2 油田陆地管理生产及业务支持部门有安全输入目标（隐患汇报、安全行为观察、安全审核、与现场安全沟通等），有记录并完成良好（没有完成本项扣减5分）（5分）				
					1.1.3 油田与海上设施有定期的安全管理沟通会，有共同探讨作业活动的交流沟通平台，最少每月有一次沟通会，油田保存会议纪要（5分）				
		班组	1.2班组负责人的HSE领导力	15	1.2.1 班组负责人熟悉本公司HSE管理体系文件和海洋石油安全生产管理规定等法律法规，自觉维护安全程序在作业中的执行，班组负责人熟悉公司的HSE方针（3分）				
					1.2.2 班组负责人自觉参与行为安全观察和作业安全审核，认真执行本公司风险管理相关程序，有个人安全管理目标及个人目标完成记录（3分）				
					1.2.3 班组负责人督促及组织本单位各部门按时召开安全会议；按计划进行有效的安全培训，有培训及会议记录（3分）				
					1.2.4 班组负责人参与隐患汇报报告及事故的调查，并定期安排本设施隐患排查．有隐患排查跟踪记录；有定期的演习记录；有班组负责人参与演习效果的点评记录（3分）				
					1.2.5 班组负责人考核员工的安全绩效及安全指标的完成，对设施的HSE进行年度总结和制定下一年的HSE计划（3分）				

序号	考评项目	被考评单位	考评细项	总分值	具体考评标准	自评分值	检查分值	扣分原因	备注
一	健康安全环保好（100分）其中：现场出现下列情况之一不参与评选。1. 现场一人死亡 2. 现场多人永久残疾 3. 溢油100桶以上（无论是否为责任事故）4. 财产损失100万元以上（责任事故）	班组	1.3 法律/法规的符合性	5	1.3.1 班组成员具有符合《安全生产法》、《海洋石油安全生产规定》规定的证书，并具备相应的业务水平（2分）				
					1.3.2 特种作业人员具备符合《安全生产法》、《海洋石油安全生产规定》规定的特种作业证书，并具备相应的业务水平（3分）				
			1.4 作业维护	45	1.4.1 工作许可证管理（包括工作准备、人员职责、签发、执行、作业完成等整个过程是否符合程序要求，是否开展了许可证的审核）（4分）				
					1.4.2 能量隔离程序是否有效执行（包括隔离准备、隔离工艺执行、隔离的审核、隔离人员资质等是否按照隔离程序执行）（3分）				
					1.4.3 化学品及其它危险品处理是否按照规范处理，（包括化学品 MSDS、使用、存储、运输等是否符合危险品处理程序）（2分）				
					1.4.4 工具、设备（吊具）使用（包括工具设备（吊具）使用、检查、登记、检测等是否符合相关安全程序要求（4分）				
					1.4.5 定量风险评估（TRA）（公司是否制定了定量化的风险评估工具，班组在重大作业活动中是否开展了定量化的风险评估以决定是否实施该项作业活动），本设施员工是否了解作业区风险矩阵并对作业风险进行有效控制）（4分）				
					1.4.6 JSA 管理（JSA 是否在现场得到有效使用）（4分）				
					1.4.7 承包商管理（本油田是否开展承包商的资质选择、承包商公司在本设施上作业中的控制手段、是否在本设施上开展承包商的作业 HSE 表现评价，评价充分，有适当的纪录）（4分）				
					1.4.8 MOC 管理（各种变更是否符合变更程序要求，有充分的纪录，审批，跟踪，及完工纪录）（5分）				
					1.4.9 食品卫生（食品的存储、运输、使用及人员的从业资格是否符合相关规范）（2分）				
					1.4.10 各种安全警示标志齐全、醒目，消防设施及压力容器应在设备本体附有检验日期，起重设备应在醒目处标有负荷限制等得（3分）				

序号	考评项目	被考评单位	考评细项	总分值	具体考评标准	自评分值	检查分值	扣分原因	备注
一	健康安全环保好（100分） 其中：现场出现下列情况之一不参与评选。 1. 现场一人死亡 2. 现场多人永久残疾 3. 溢油100桶以上（无论是否为责任事故） 4. 财产损失100万元以上（责任事故）	班组	1.4 作业维护	45	1.4.11 设施有严格的垃圾及有害废物的分类处理程序，评分标准：设施有垃圾分类程序并执行（1分）有害废物的分类程序并执行，设施有可回收利用废物的分类程序并执行（1分），有害废物严格按照程序要求储存及运输，并做好统计归类操作（1分）（共3分）				
					1.4.12 设施有严格的下列安全管理制度：1. HSE 各种审核不符合项跟踪关闭流程，有记录（1分）；2. 隐患排查及隐患汇报跟踪及整改关闭制度及记录（2分）；3. 新员工的三级安全教育制度（出海前，上设施后，下职能班组）（2分）（共4分）				
					1.4.13 巡查作业现场，观察作业人员的作业活动及工作作业场所是否有不安全现象及隐患存在，如作业人员违背个人防护用品使用，设备设施明显的不安全状态等存在（3分）				
			1.5 应急 / 事故管理（该项可以得负分，从负15到15分）	10	1.5.1 事故管理（人员是否都了解事故管理程序、事故是否按照程序调查、汇报、分享等）（5分）：得分条件如下：现场出现下列情况之一本大项1.5项的15分全部扣除并得负5分；1. 现场发生一起损失工时事故。2. 本设施的可记录事故率高于本设施目标的3倍。3. 发生10桶以上的事故溢油。4. 责任事故财产损失超过10万元。现场出现可记录伤害或者1万到10万元损失，出现一次扣3分；多次则次数乘以3并累加				
					1.5.2 应急管理（包括溢油）（设施是否按照要求进行演习、人员是否得到培训、应急程序是否有效执行）（5分）				
			1.6 安全输入	10	1.6.1 安全输入（现场安全审核、人员培训时间、安全行为观察次数、安全会议次数、其他安全目标完成等，100%完成设定的目标得10分，某一单项每降低10%扣减3分，综合所有安全目标低于50% 本项得零分）（10分）				

序号	考评项目	被考评单位	考评细项	总分值	具体考评标准	自评分值	检查分值	扣分原因	备注
一	完成任务好（130分）	作业区或油田	2.1 产量完成情况	10	2.1 完成目标（8分）；超额完成目标5%以上（10分）；完成目标95%～100%（5分）；90～95%（2分），90%以下不得分				
		班组	2.2 生产管理目标	35	2.2.1 生产时率达到年度计划（15分）；高于（低于）年度计划2%以上 ±2分；高于（低于）年度计划5%以上 ±5分				
					2.2.2 地面设备故障关停时率达到年度计划目标（8分）；低于（高于）计划0.1%以上 ±2分；低于（高于）年度计划0.15%以上 ±5分				
					2.2.3 年初计划关停时率达到年度目标（7分）；低于（高于）计划5%以上 ±2分、低于（高于）计划10%以上 ±4分，各单位需提交相关文字说明材料				
					2.2.4 井下设备故障关停时率达到年度目标（5分）；低于（高于）计划1%以上 ±2分；低于（高于）年度计划2%以上 ±4分。说明：终端和油轮得基础分3分				
					2.2.5 油水处理质量：出现一次外排污水浓度超标或导致一次非计划关停（每次扣3分），外销产品质量化验不合格（每次扣6分，考核油轮和终端）				
					2.2.6 生产日报上传或发送生产部系统延迟（一次扣0.5分，要求9：30之前上传或发送日报）；日报数据错误（一次扣1分）；重大关停未及时上报（一次扣1分，要求关停发生后2小时内上报生产部），每项最多扣10分				
			2.3 班组管理科学，积极创新	10	2.3.1 班组开展管理创新活动				
					2.3.2 开展提合理化建议活动，并在年度生产作业中被采纳，提高工作效率或经济效益。每条得1.0分，效益特别显著的可另行申请特别奖励。最高10分				
		作业区或油田	2.4 节能减排工作	35	2.4.1 作业区按季度组织召开节能减排工作会议（3）；作业区制定节能减排工作滚动规划（3分）				

序号	考评项目	被考评单位	考评细项	总分值	具体考评标准	自评分值	检查分值	扣分原因	备注
二	完成任务好（130分）	班组	2.4 节能减排工作	35	2.4.2 班组完成年度制定的节能减排目标（得8分），其中任何一项未完成，总分为0分				核查文件、会议及活动记录记录
					2.4.3 建立现场节能减排工作管理制度（3分）；以文件形式建立现场节能减排职责制，明确落实到岗位及个人（3分）；制定现场节能、节水及节电管理办法，并有效实施（2分）				核查文件、会议及活动记录记录
					2.4.4 建立能源计量器具管理档案，有明确的计量器具校验程序，定期实施自检或校验并做好记录（2分）；建立自用原油、柴油、天然气的日消耗量及日自发电量或输入电量的原始消耗台账，并确保其准确性（2分）；建立主要耗能设备台账（2分）				核查文件、会议及活动记录记录
			2.4 节能减排工作	35	2.4.5 组织节能减排现场培训，每开展一项得1分，最高不超过2分（2分）；组织开展节能减排现场宣传活动（2）；组织开展节能减排合理化建议活动：每开展一项措施并取得效果得1分，最多得5分				核查文件、会议及活动记录记录
			2.5 海管管理	15	2.5.1 海管运行良好，压力温度流量等参数（趋势线）监控分析到位，扫线、清管等措施恰当有效（5分）；任一项实施不到位减1分				
					2.5.2 根据产液、产气组份特点，化学药剂加注效果良好，腐蚀监控措施到位，海管内腐蚀情况在可接受范围内，桶液成本最优（10分）；任一项实施不到位减2分。（具体考评时参考分公司海管管理考核KPI）				
			2.6 设备管理	25	2.6.1 设备PM计划完成率100%～96%（8分）/95%～85%（6分）/84%～70%（2分）				
					2.6.2 设备升级改造大修计划完成率100%～96%（8分）/95%～85%（6分）/84%～70%（2分）				
					2.6.3 关键性设备的可靠性指标100%～96%（9分）/95%～85%（6分）/84%～70%（3分）				

序号	考评项目	被考评单位	考评细项	总分值	具体考评标准	自评分值	检查分值	扣分原因	备注
三	现场管理好（100分）	班组	3.1 班组开展"5S"活动	20	3.1.1 班组制定或使用作业区统一的"5S"活动标准及要求，标准和要求应涵盖设施主要的区域和重点专属设备。建立统一的"5S"活动标准得3分；所有"5S"的现场相关作业都按照标准要求执行得5分。无标准得0分				
					3.1.2 班组指定各岗位"5S"责任区、每责任区有具体要求并在现场严格执行。划分岗位责任区和建立具体要求得2分；按要求执行得5分。无明确的责任区和具体要求得0分				
					3.1.3 班组制定"5S"活动年度计划和班组负责人海班实施计划及跟踪整改表，有各海班的"5S"现场检查记录表和现场对比照片。建立年度计划和海班实施计划及跟踪整改表得3分；执行检查、记录和更新整改得5分。无任何计划和检查记录得0分				
					3.1.4 班组负责人每个海班召开一次班组总结会以及每半年一次全员参与的"5S"主题复培、提高会，使全员能及时了解和更新"5S"的动态和阶段性成绩；有相关的会议记录并存档。按时召开总结、复培会得3分，记录完整并存档得5分。未举行任何会议得0分				
			3.2 现场基础管理扎实，各项制度健全，岗位工作遵章有序	15	3.2.1 各项制度、程序、标准细则健全，岗位工作遵章有序，并在岗位显眼处整齐张贴或以卡片等形式放置以便取阅（各项制度包括但不限于：岗位职责；交接班管理程序；巡回检查管理程序；设备维修保养管理程序；岗位练兵管理程序...）。各项管理制度健全得5分，不健全得3分，无制度得0分				
					3.2.2 班组成员应熟悉各项管理制度内容，掌握本岗位工作特有的职责和规章得5分；检查中发现人员不熟悉岗位职责得2～3分				
					3.2.3 班组应张贴应急职责表，对所在设施的警报声、意外处理、消防急救、逃生等有明确的职责分工和要求，班组每个成员熟悉各自的应急职责。按照要求张贴应急职责表、各岗位人员应急职责明确，并能够在实际中正确反应得5分；抽查中发现班组成员（2～3人）不熟悉应急程序和措施得3分，超过3人得2分，超过5人得0分				

序号	考评项目	被考评单位	考评细项	总分值	具体考评标准	自评分值	检查分值	扣分原因	备注
三	现场管理好（100分）	班组	3.3 严格工作交接班制度，各项数据、资料记录准确完整	15	3.3.1 班组各岗位的海班交班报告内容应涵盖：本岗位及部门安全、生产、设备、环保及卫生、人事、培训等全面情况，对重要生产部位、重要生产数据描述清楚，发生过的重大事故和事件要有详细的调查和处理记录。班组制定交班报告的主要内容要求并应用较好得7分；抽查中发现所要求的内容不完整得3～6分；无交班报告得0分				
					3.3.2 各岗位当班者每日的操作、巡检记录和工作日记，要求内容完整、真实、准确，有明确的时间、数据概念、字迹工整方便查找和阅读。执行完好得8分；字迹潦草或完整性较差得4～6分；无记录得0分				
			3.4 开展"每周核检、海班通报、考核"的自查自纠活动	15	3.4.1 班组负责人协调和组织相关岗位主操，每周参与检查本班组现场管理执行情况，考评内容包含"现场管理"的各项考核细则；并对违反要求和规定现象进行及时整改和纠正；保存相关的书面记录。班组负责人及时纠正和整改落实措施，书面记录完整得5分；负责人履行职能较差，没有相关记录得3分；没有周检的0分				
					3.4.2 班组负责人及时检查每个海班的目标执行和落实情况、总结现场管理经验，以书面形式通报作业区或油田管理层。书面汇报内容应包含班组的目标／指标及落实的真实情况和目前在现场推行过程中遇到的难点和需要的支持。班组长及时准确以书面的形式按要求汇报得5分；没有完全按要求汇报得2分；没有汇报得0分				
					3.4.3 班组负责人每个海班组织对各岗位的现场管理考核，对比现场管理制度和规定查找差距，鼓励和督促各岗位改进现场管理工作，并以书面形式记录和存档。班组负责人严格按要求履行职责得5分；没有完全按要求执行得3分；没有开展此项工作得0分				

序号	考评项目	被考评单位	考评细项	总分值	具体考评标准	自评分值	检查分值	扣分原因	备注
三	现场管理好（100分）	班组	3.5 操作人员按操作规范进行生产作业	15	3.5.1 班组制定日常作业指导书、标准作业程序或参照相关专业规章规范，明确要求各个岗位日常作业行为。班组全面制定此项工作管理细则得7分；部分制定细则得3分；没有制定相关规定得0分				
					3.5.2 班组各岗位每类日常现场作业都严格按照相应规范、要求或标准作业程序执行和落实，并根据具体实施情况，定期审核修改。在日常作业中严格执行和落实，定期更新得8分；部分执行得3分；发现未按照要求并在作业中发生事故或其他损失得0分				
			3.6 生产作业环境整洁、有序，无跑、冒、滴、漏现象，各种标志齐全、醒目	20	3.6.1 生产作业现场整洁，无明显跑、冒、滴、漏等现象，现场无杂物，应急设备完好，应急通道畅通。设备安全保护完好，轴见光，设备显本色，保温完整，防腐措施有效。执行"5S"关于作业现场各项要求较好得4分；作业现场整理较差得1分				
					3.6.2 生产设备，生产工具及现场材料、物品摆放整齐、分类明确。标识准确、清楚，有专门的材料清单。维修作业过程做到"工完，料净，场地清"得4分；反之得1～3分				
					3.6.3 设备保养严格按照维修部门日常巡检表、周检项目表及预防性维修、纠正性维修的具体要求，做到勤检查、勤擦扫、勤保养、定时记录，严格执行"清洁、润滑、紧固、修理、防腐"等措施；并在工作日志中有记录。严格按照设备保养管理规定执行并记录完整得4分；记录不完整或现场执行质量差得1分				
					3.6.4 各种安全警示标志齐全、醒目，消防设施及压力容器应在设备本体附有检验日期，起重设备应在醒目处标有负荷限制等得4分；反之得1～3分				
					3.6.5 生产设施本体涂有正确的工艺编号，字体统一规范；工艺管线应按照相关规定做好管标，有条件的要表明介质压力、温度、流向等工艺参数得4分；没有完全按照规范进行标识得1～3分				

序号	考评项目	被考评单位	考评细项	总分值	具体考评标准	自评分值	检查分值	扣分原因	备注
四	节约成本好 （70 分）	作业区或油田	4.1 成本控制好，作业区控制的直接作业费控制在批复预算之内	10	4.1.1 误差 15% 以上（得 0 分）				
					4.1.2 误差小于等于 15%，大于 8%（得 5 分）				
					4.1.3 误差小于等于 8%，大于 5%（得 8 分）				
					4.1.4 控制在批复预算内（95%～105%）（得 10 分）				
		作业区或油田	4.2 作业区费用责任落实到班组	10	4.2.1 没有落实（得 0 分）				
					4.2.2 基本落实，细化程度不足和可操作性不高（得 5 分）				
					4.2.3 落实程度好，费用细化且可操作性较高，并签订费用责任书（得 10 分）				
	节约成本好 （70 分）	班组	4.3 费用责任制度完善，现场人员费用意识强	10	4.3.1 无费用控制意识和手段（得 0 分）				
					4.3.2 有费用控制程序，费用控制责任落实到各岗位，节省费用项目有记录可查（得 5 分）				
					4.3.3 费用控制意识较强，费用节省记录明晰可查，定期召开费用分析会，并有会议记录或纪要（得 10 分）				
			4.4 消耗品节约成本明显（包括化学药剂、维修备件等、油料等）	15	4.4.1 消耗品年度费用与预算对比：节省 5% 以内（得 5 分）				
					4.4.2 消耗品年度费用与预算对比：5%～10%（得 10 分）				
					4.4.3 消耗品年度费用与预算对比：10% 以上（得 15 分）				
			4.5 积极开展"现场作业管理创新提案"	15	4.5.1 人均已实施提案数量考评：以设施为单位，评分＝人均已实施提案数量 ×5，满分 5 分（以设施定员人数计算）				
					4.5.2 自检自修工作考评：以设施为单位，评分＝（自检自修效益之和（万元）/平台人数）×2，满分 5 分（以设施定员人数计算）				
					4.5.3 降低作业成本考评，以设施为单位，评分＝降低作业成本效益之和（万元）/平台人数，满分 5 分（以设施定员人数计算）				
			4.6 完善油井管理制度，延长电潜泵寿命，修井数比年度预算低	10	4.6.1 有油井管理制度得 5 分，一次不按制度执行扣 1 分，最多扣 5 分，油轮终端得基础分 3 分				
					4.6.2 电潜泵平均运行寿命超过设计寿命得 3 分，运行寿命比平均寿命长一年，奖励 1 分，最高奖励 2 分，油轮终端得基础分 3 分				

序号	考评项目	被考评单位	考评细项	总分值	具体考评标准	自评分值	检查分值	扣分原因	备注
五	队伍建设好（100分）出现下列情况之一不能申报当年"五好"班组评比：班组成员在年度内有违法或重大违纪行为；计划生育率未达到100%	作业区或油田	5.1 党工团组织健全，注重员工思想道德建设，积极组织员工参与公司企业文化建设和团队活动，维护团队稳定	20	5.1.1 党工团组织健全，经常开展思想道德建设活动，完成党工团工作任务，员工队伍精神风貌好（5分）				
					5.1.2 积极参加公司组织的各项活动，一次没有参加公司组织的活动扣1分（5分）				
					5.1.3 注重宣传，遵守信息发布审查程序，向海洋石油报、管理局网页实时信息、五四三工程专栏积极投稿，每年发布3篇以上（5分）				
					5.1.4 积极维护团队稳定，建设和谐氛围，及时化解矛盾。对员工反映的合理问题或意见能及时处理并给予认真答复（5分）。发生应由单位解决因未解决而越级上访的，每人次扣2分，3次（含3次）以上本项不得分				
					5.1.5 荣获海洋系统内、省市先进个人1人次加2分，先进集体加3分，（5.1项累计加分后总分至20分封顶）				
			5.2 注重员工队伍建设和提升	20	5.2.1 严格执行公司政策、流程，确保公平公正，承担好作业区一线员工队伍管理的职责。在公司政策下有细化管理措施（如内部轮岗、后备、现场奖惩措施）并取得一定成效（5分）				
					5.2.3 在员工招聘、晋升等工作中按公司政策执行，公平公正（5分）。一次被反映在员工招聘、晋升过程中存在不公正或违反公司政策且经核实，本项不得分				
					5.2.4 油田、作业区积极组织员工参加总公司技能人才鉴定（5分），未参加扣5分				
					5.2.5 油田、作业区积极组织员工参加现场创新活动评定工作，未参加扣5分（5分）				

序号	考评项目	被考评单位	考评细项	总分值	具体考评标准	自评分值	检查分值	扣分原因	备注
五	队伍建设好（100分）出现下列情况之一不能申报当年"五好"班组评比：班组成员在年度内有违法或重大违纪行为；计划生育率未达到100%	班组	5.3 班组长在团队中起模范带头作用，队伍管理有方法、有成效	10	5.3.1 班组长业务精，管理能力强。能不断提升个人素质，发挥模范带头作用（5分）				
					5.3.2 积极维护队伍稳定，关心班组成员思想动态，有问题及时按程序反映（5分）。出现因班组长协调不力引发员工矛盾的，经核实后扣5分				
			5.4 员工业务技能素质建设有成效	20	5.4.1 班组有学习交流制度（4分）；开展师带徒活动取得显著成效，有师带徒培训记录（4分）				
					5.4.2 每个海班至少开展一次岗位练兵活动，有岗位练兵台或练兵记录（6分）。班组内部练兵活动记录少（少于6份），扣3分，内部培训记录少（年度内少于6份）扣3分				
					5.4.3 班组成员积极参加总公司技能人才鉴定工作，未参加总公司技能人才鉴定扣6分。（6分）				
			5.5 班组团结协作，有执行力，班组氛围好	15	5.5.1 班组成员爱岗敬业、乐于奉献、遵章守纪，班组执行力强。班组成员有违纪并造成班组不良影响的，每人次扣2分。不设上限，直至扣完该项分数（5分）				
					5.5.2 班组每年至少组织一次有特色的团队建设活动（5分）				
					5.5.3 主管与员工每人每年至少进行一次绩效面谈，并有记录（5分）				
			5.6 班组成员敬业爱岗，努力提高个人修养、道德水平、廉洁从业、保密意识强	15	5.6.1 班组成员努力提高个人修养，思想道德水平，成员主人翁责任感强。没有打架及语言不文明行为。（5分）				
					5.6.2 班组成员廉洁从业，能够加强自身廉洁从业意识。参加多种形式的廉洁从业教育。（5分）违反管理局廉洁从业有关规定扣5分				
					5.6.3 班组成员保密意识强，对管理局保密制度有充分的了解并遵守（5分）				
	总分合计			500					

案例三：中海实业公司班组达标考核验收细则

评价内容、标准		分值	检查方法	评分标准	得分
一、制度建设		7	**抽查**		
1	职责落实（班组职责、岗位职责）	1	问答	职责熟知 0.5 分	
			查看、问答	职责落实 0.5 分	
2	岗位设置合理，分工明确	1	调查	岗位设置合理 0.5 分	
			查看、问答	分工明确 0.5 分	
3	有明确的岗位技能要求	1	查看、问答	岗位技能要求明确 0.5 分	
			实操	操作熟练 0.5 分	
4	8 项制度规范、齐全（现场管理责任制、交接班责任制、安全责任制、产品质量责任制、设备维检责任制、报表记录台帐责任制、成本模拟核算责任制、岗位练兵责任制）	2	查看	制度健全每项 0.1 分	
			查看、问答	制度有针对性 0.15 分	
5	工作标准满足需求	1	查看、问答	工作有标准 0.5 分	
			问答	回答标准熟练 0.5 分	
6	工作流程便于操作	1	查看、问答	工作有流程 0.5 分	
			实操	操作流程熟练 0.5 分	
二、工作任务		8	**抽查**		
1	工作有计划	2	查看、问答	工作有计划 1 分	
			查看、问答	计划可操作 1 分	
2	完成上级下达的工作任务	2	查看、问答	完成任务 1 分	
			查看、问答	记录齐全 1 分	
3	计划执行率 100%	2	查看	计划未执行每项扣 0.5 分	
4	每月开展 1 次自评自测，有记录	2	查看	每月开展自评自测 1 分	
			查看	有标准 0.5 分	
			查看	有记录 0.5 分	
三、现场管理		8	**抽查**		
1	制度上墙	1	查看	8 项制度上墙每项 0.1 分	
				规范、整齐 0.2 分	
2	一畅：场地平整、通道畅通	1	查看	每项 0.5 分	
3	二净：门窗玻璃净、四周墙壁净	1	查看	每项 0.5 分	
4	三见：沟见底、轴见光、设备见本色	1	查看	每项 0.33 分	
5	四无：无垃圾、无杂草、无废料、无闲置器材	1	查看	每项 0.25 分	
6	九不缺：油漆、保温、螺栓、手轮、门窗玻璃、灯泡、灯罩、地沟盖板不缺	1	查看	每项 0.11 分	

	评价内容、标准	分值	检查方法	评分标准	得分
7	检修物料：不见天、不落地，工完料净场地清	1	查看	不见天、不落地 0.5 分	
				工完料净场地清 0.5 分	
8	设备、工器具、物料、低值易耗品定置存放、整洁	1	查看	定置存放 0.5 分	
			查看	整洁 0.5 分	
四、交接班		**4**	**抽查**		
1	按规定交接班	1	查看、问答	按规定交班 0.5 分	
				按规定接班 0.5 分	
2	交接班记录填写齐全	2	查看	有记录 1 分	
				记录规范 0.5 分、齐全 0.5 分	
3	考勤记录填写齐全	1	查看	有记录 0.5 分	
				记录规范 0.25 分、齐全 0.25 分	
五、安全生产		**18**	**抽查**		
1	全员签订《安全责任书》，一岗一责，签约率100%（含外委施工签约）	1	查看、问答	一岗一责 0.5 分	
			查看	签约率 100% 占 0.5 分	
2	轻微事故为零	2	查看、调查	轻微事故为零 2 分	
3	工作做到"五想五不干"（含外委项目）	1	查看	岗位"五想五不干"内容明确 0.5 分	
			问答	熟知内容 0.5 分	
4	新员工、轮岗或换岗员工要接受新岗位安全教育，方可上岗，有记录	2	查看	新员工教育 0.5 分	
			查看	轮岗或换岗员工教育 0.5 分	
			查看	记录规范 0.5 分、齐全 0.5 分	
5	班组每 2 周开展 1 次安全教育，有记录（含外委项目）	2	查看	开展班组安全教育 0.5 分、次数合乎要求 0.5 分	
			查看	记录规范 0.5 分、齐全 0.5 分	
6	熟知应急预案和危机处理方案，每年实战演练 2 次	3	查看	开展演练 0.5 分、次数合乎要求 0.5 分	
			查看	记录规范 0.5 分、齐全 0.5 分	
			问答、实操	操作熟练 1 分	

评价内容、标准		分值	检查方法	评分标准	得分
7	开展风险识别和隐患排查治理，将排查责任落实到岗位，每年排查2次，及时整改治理，有记录	6	查看	开展排查治理0.5分、次数合乎要求0.5分	
			查看	落实到责任人1分	
			查看	整改1分	
			查看	记录规范1分、齐全1分	
			问答、实操	操作准确1分	
8	消防器材齐全、完好、有效，每季度演练1次	1	查看	开展消防器材演练0.3分、次数合乎要求0.2分	
			查看	消防器材齐全0.1分、完好0.1分、有效0.1分	
			问答、实操	操作熟练0.2分	
六、产品质量		20	**抽查**		
1	执行工作标准、工作流程，并填写各项运行、巡检记录	4	查看	有运行记录1分	
			查看	有巡检记录1分	
			查看	记录规范1分、齐全1分	
2	质量抽查合格率96%（含）以上	6	查看	工作标准抽查不合格每项0.3分	
3	班长每日质量巡检1次，发现问题及时督促整改并做好记录	4	查看	有记录1分	
			查看	整改1分	
			查看	记录规范1分、齐全1分	
4	定期（每季度1次）及不定期对客户建议、投诉、报修处理情况回访，有记录	3	查看	有回访记录1分	
			查看	记录规范1分、齐全1分	
5	对上级检查出的问题，制定整改措施，反馈整改结果，有记录	2	查看	有记录0.5分	
			查看	整改0.5分	
			查看	记录规范0.5分、齐全0.5分	
6	开展合理化建议，每人每年提交1份合理化建议报告	1	查看	有记录0.5分	
			查看	记录规范0.25分、齐全0.25分	
七、设备设施		15	**抽查**		
1	挂牌管理，责任到人	2	查看	建立设备台帐0.5分、齐全0.5分	
			查看	设备挂牌0.5分、责任到人0.5分	
2	按计划保养、检修	2.5	查看、问答	有计划1分	
			查看、问答	按计划执行0.5分	
			查看、问答	备件耗材记录规范0.5分、齐全0.5分	

评价内容、标准		分值	检查方法	评分标准	得分
3	保养、检修有技术和实施方案	1.5	查看、问答	有技术方案 0.5 分	
			查看、问答	有实施方案 0.5 分	
			查看	投入运行正常 0.5 分	
4	外委项目进度、质量、备品备件和消耗材料监管到位	1	查看、问答	按合同执行 0.5 分	
			查看	记录规范 0.25 分、齐全 0.25 分	
5	设备维护、保养、检修、更新、改造、报废记录台帐齐全	2	查看	有记录 1 分	
			查看	记录规范 0.5 分、齐全 0.5 分	
6	受检设备设施检测在有效期内，证件齐全	2	查看	按时受检 0.5 分	
			查看	有记录 0.5 分	
			查看	证件有效 0.5 分、齐全 0.5 分	
7	设备设施自维自修率 80%（含）以上（除特种设备）	2	查看	每降低 10% 扣 0.5 分	
8	设备完好率 98%（含）以上	2	查看	每降低 5% 扣 1 分	
八、报表记录台账		**4**	**抽查**		
1	账物相符，账目清晰	1	查看	每项 0.5 分	
2	及时、真实、完整	1	查看	每项 0.33 分	
3	整洁、字迹工整、无涂改	1	查看	每项 0.33 分	
4	定期整理、归档或销毁	1	查看	每项 0.5 分	
九、成本模拟核算		**6**	**抽查**		
1	开展班组模拟核算	1	查看	有措施 0.5 分	
				落实到岗 0.5 分	
2	有能源、物料、低值易耗品消耗记录报表台账	1	查看	报表记录台账缺少每项扣 0.33 分	
3	优化操作，节能减排，制定班组节能减排计划	2	查看	有计划 1 分	
				有措施 1 分	
4	开展节能减排活动，达到上级下达目标	2	查看	有记录 1 分	
			查看	完成目标 1 分	

评价内容、标准	分值	检查方法	评分标准	得分
十、岗位练兵	10	**抽查**		
1　持证上岗率100%	1	查看	岗位证书缺少每人次扣0.5分	
2　五有：有计划、有实施、有检查、有考核、有记录	1	查看	每项0.2分	
3　五落实：人员、时间、教材、内容、奖惩	1	查看	每项0.2分	
4　岗位培训每年不少于24小时，有记录	2	查看	有记录1分	
		查看	记录规范0.5分、齐全0.5分	
5　技能比武，每年不少于2次；答题每年不少于50题；案例分析每年不少于2次，以上均有记录	4	查看	有记录每项1分	
		查看	记录规范每项0.5分、齐全每项0.5分	
6　一年研讨1次，有记录	1	查看	有记录0.5分	
		查看	记录规范0.25分、齐全0.25分	

案例四：中国海洋石油总公司销售分公司班组建设达标指导标准（加油站型）

考核类型	分值	考核内容	得分	备注
一、基础管理	15	组织健全，分工明确，班组两长（班组长、工会小组长）和兼职人员配备齐全，各岗位职责清晰，得 2 分		
		结合《加油站营运手册》制定《班组建设工作手册》完整、规范、实用，班组各项工作记录完整准确，内容齐全，执行情况良好，得 4 分		
		以岗位责任制为主要内容的基本工作制度及相关规章制度健全，作业指导书（含操作规程）完善，将制度流程、职责、规定上墙悬挂在显要位置，得 3 分		
		根据本单位年度工作目标制定本班组年度工作目标和计划，时间落实到季、月，责任落实到人，对计划实施动态管理，有布置、有统计、有总结，能完成目标计划，得 6 分		
二、安全生产管理	50	执行"加油六步曲"，为顾客提供热情周到、快捷规范、安全整洁、优质足量的服务，服务规范、语言文明、仪表得体，在加油高峰期间，做到微笑问候和送迎，加油"三确认"得 5 分		
		客户满意度较高，服务质量好；设置意见箱、意见登记薄、公布投诉电话、定期对客户回访，对客户投诉的问题，执行投诉处理五步曲，并及时整改，有记录，得 5 分		
		认真落实班组岗位安全责任制，全体班员签订年度《安全责任书》，严格执行安全、设备操作规程，有记录，得 3 分		
		班组定期开展安全教育活动，对新入厂职工、转岗职工进行三级安全教育，每周 1 次开展对危险化学品、电气安全、消防、安全生产规章等方面的安全教育 1 次，有记录，得 4 分		
		班组开展危害、危险源识别和风险评估每年 2 次，有记录，得 3 分；开展应急预案每年 2 次，防火防爆、防溢油、计量纠纷事故、防抢防盗等事故的演练每季度 1 次，有记录，得 3 分		
		坚持班前（班后）会制度、交接班制度、坚持开展班前班后安全讲话、安全技术交底等工作，有记录，得 4 分		
		按规定开展巡回检查，包括对消防、电气设备、防雷、防静电、食品、维修作业、治安保卫等安全检查，有记录，得 1 分，及时发现和消除事故隐患，对重大隐患、重大危险源实施监控措施，有记录，得 2 分，执行班组 HSE 月报、年报制度，有记录，得 1 分		
		班员能够自觉规范穿戴各种劳保用品，着装规范得体、佩戴岗位标志，无违规，得 2 分		
		严格执行班组岗位环保职责和环保设施操作规程，有废水、废气和固体废弃物排放监测记录，污染物实现达标排放，无违规，得 2 分		

考核类型	分值	考核内容	得分	备注
二、安全生产管理	50	班组作业计质量管理台账健全，无人为计质量安全事故，得2分，班组油品接卸符合规程，当班油品损耗管理正常，发现异常按规定程序处理，有记录，得2分		
		认真落实公司及上级公司的三级检查管理制度，三级检查中无违纪违规行为，得2分，每记录1次违规行为扣2分，最多扣5分		
		班组现场实行6S现场管理和定置管理，班容班貌做到"五净"、"五齐"、"四无"，得3分		
		建立设备、工器具台账，并定期对设备进行维护保养，有台账记录和维修记录，确保设备完好率98%（含）以上，坚持设备操作"四懂三会"，得4分		
		严肃劳动纪律和考勤，确保月出勤率达到98%以上，无违反劳动纪律现象，得3分		
三、技能管理	15	制定和执行班组长岗位培训制度和班组长成长计划，班组长符合岗位任职资格要求，经过岗前任职培训，定期考核，年培训学时不得低于60学时，有记录，得2分		
		结合《加油站营运手册》，对加油操作规程、油品计质量管理、财务内控等内容进行培训，班组成员培训率100%，有记录，得2分，班组长每年亲自授课学时不少于12学时，得1分		
		有基本的培训场地和设施，每月开展2次岗位练兵，有记录，得2分；每年开展2次以上技术竞赛活动和多种形式的技能交流活动，有记录，得2分		
		从事危险化学品从业人员（在岗人员、新增及转岗人员）持证率100%，得1分		
		编制本班组"应知应会"，有记录，确保员工100%掌握各类应急知识、加油站服务流程、安全作业技能，熟悉管理台账填制，考试合格后，持证上岗，得3分		
		执行"一帮一"、"师带徒"制度，新员工100%签订《师徒协议》，得2分		
四、成本管理	10	围绕降低成本，提高效益、比质量、比效益、比安全，开展合理化建议活动，有记录，得2分		
		加强成本分析与控制，制定节能减排计划、签订并落实节能减排责任书，采取相应措施，节能节水降耗、增收节支、无"跑、冒、滴、漏"等资源浪费现象，取得明显效益，得3分		
		开展"修旧利废"活动，采取有效措施明显降低费用，有记录、有案例，得3分		
		严格服务标准化、工作流程规范化，将日、周、月、季日常工作建立量化报表系统，有各类报表记录，得2分		
五、团队建设	10	班务公开制度健全，设立班务公开栏，对考勤、绩效考核、评优选优等班组重大事项公开，得2分		

考核类型	分值	考核内容	得分	备注
五、团队建设	10	坚持重大事项实行民主决策，班组民主生活会每月至少1次，有工作记录，得2分		
		开展创建"工人先锋号"、"党员示范岗（服务窗口）"、"党员承诺制"、"青年文明号"、"巾帼建功岗"和"岗位能手"等创先争优活动，宣树先进典型，培育进取精神，得2分		
		抓好员工的职业道德教育，培育员工主人翁意识，牢固树立遵纪守法、诚实守信、乐于奉献的理念，强化服务意识，自觉维护企业形象，有记录，得1分		
		注重平台建设，充分利用黑板报、简报、宣传栏、内部网站等形式，宣传班组好人好事，弘扬正气，营造积极向上的工作氛围，得1分		
		加强班组团队建设，构建和谐班组，塑造班组良好形象，提升班组凝聚力、执行力和战斗力，每季度组织一次，得1分		
		深入学习海油文化，班组文化建设内容丰富，特色鲜明，经常开展小型、多样的班组文化活动，每季度组织1次，有记录，得1分		
否决指标		由于主观原因未完成上级下达的生产运营任务		
		发生重大质量事故和安全责任事故		
		发生重大失泄密事件		
		出现环境污染及生态破坏事故		
		班组成员中发生违法违纪行为，受到警告（含）以上党纪政纪处分		
加分指标		班组建设获得国家级、省部级与中国海洋石油总公司级表彰每次加2分、1.5分，获得事业部模范班组称号每次加1分；本项加分上限5分		
		班组提出合理化建议并被采纳，解决了生产难题，取得明显效益的，每条加1分；本项加分上限3分		

后 记

促使我们萌发编写《我知你心——基层建设的心理管理之道》一书的想法，缘于一次基层班组长培训和一封来自基层班组长的邮件。

2011 年，我们在中国海洋石油总公司下属的海洋石油工程股份有限公司青岛公司（以下简称海油工程青岛公司）开展了一期"基层班组长心理管理培训"。这种来自管理现场的真实案例，以角色模拟的形式表现出来，再由心理专家分析点评的方式得到了班组长们一致欢迎，培训满意度高达 100%。但由于时间有限，很多班组长没来得及在现场向老师请教自己的问题，觉得非常遗憾。同时，班组长们还想向同事推荐此类培训，认为"太符合我们的需要"了。不久后，一位参加过培训的班组长给培训师发来一封电子邮件，写了自己碰到的问题，希望得到老师的指点。因此我们思考，能不能编写一本案例集，汇集班组长现实工作中的管理困惑和管理经验，再由管理学和心理学专家进行分析点评，让更多的班组长能够受益。问题来自基层，智慧来自基层，解决方案更要运用到基层中去。

从一个简单的想法到实施，到最终这本书能够呈现出来，既是一次考验，也是一次学习，更是集体智慧充分激荡的结果，我们也体会到了成长和收获的快乐。

我们首先以海油工程青岛公司为主，征集班组长们亲身经历的故事、问题、困惑、经验和想法，希望都能原汁原味地反映。短短两个月，班组长反响踊跃，共征集到案例故事 110 个。

在对案例故事进行初步整理的基础上，我们认为，案例如果直接使用的话比较凌乱，思路也不太清晰。因此，结合此前开展的员工心理访谈结果，再和北京易普斯咨询有限责任公司的专家们多次讨论沟通，确定以基层班组长常见的管理问题为切入点，并对书的定位、目的、内容大纲、风格进行了考虑，开始着手编写样章。

基本思路确定后，我们召开了编写组头脑风暴会，进一步讨论内容大纲及样章风格。确定以模拟新班组长成长故事为讲述方式，将日常问题、经验总结、解决方案与心理知识融为一体，文字轻松、活泼，辅以漫画，易看、易懂、易用。

接下来，我们重新规范了案例样式和风格，并由专人访谈班组长，在海油工程股份有限公司各主要单位进行案例二次征集和编写工作。经过编写组共同努力，以新班长小王为主角的书稿编写工作基本完成后，我们邀请中国海洋石油总公司的各级管理者试读，进一步征求意见和建议。

经过几番修改，文字基本定稿后，开始进行漫画设计，排版、校对等工作，并报编委会领导审阅。

接近完稿，在不断完善丰富本书内容时，无疑也是我们最感忐忑之时。因是首次从心理管理角度编写此类书籍，因编写组成员并非专业写作人员，都是在主要工作之余加班采写，所以我们常常感叹：如果我们能再多深入基层一些，如果我们能更专业一些，如果我们有更多的时间……但不管如何，成长之路就是日臻完善之路。因此，我们不惮将这此书呈现给大家，以求抛砖引玉，引发更多基层智慧。

在此，我们要感谢一直以来对此书给予大力支持和鼓励的中国海洋石油总公司各级领导和有关部门，感谢为我们提供鲜活基层一线案例的以黄怀州、华洪雨、张杰印、于素光为代表的海油工程优秀班组长们，感谢使此书更加生动和活泼的设计及插图人员，也感谢一起完成此书的所有成员，这也是我们的成长见证。

最后，请大家和我们一起继续关注基层建设，关注员工与企业的一起成长和发展，使我们的基层管理更具活力，为中国企业的发展奠定牢固基石。

编写组

2012 年 12 月

参 考 文 献

[1] 菲利普•津巴多.津巴多普通心理学.王佳艺,译.北京：中国人民大学出版社，2008.

[2] 理查德•格里格.心理学与生活.王垒,等,译.北京：人民邮电出版社，2003.

[3] 侯玉波.社会心理学.2版.北京：北京大学出版社，2008.

[4] Kim Cameron.Positive Leadership:Strategies for extraordinary performance.Berrett-Koehler Publishers, Inc.2008.

[5] 张西超.员工帮助计划——中国 EAP 的理论与实践.北京：中国社会科学出版社，2006.

[6] 曾仕强.领导的圆与方.北京：北京大学出版社，2010.

[7] 卢盛忠.管理心理学实用案例集粹.杭州：浙江教育出版社，2003.

[8] 张西超.带着快乐去上班.北京：中信出版社，2010.

[9] 塞利格曼.真实的幸福.洪兰,译.沈阳：万卷出版公司，2010.

[10] 路桑斯.心理资本.李超平,译.北京：中国轻工业出版社，2008.

[11] 徐明达.怎样当好班组长：让基层管理有效落地.北京：机械工业出版社，2009.

[12] 曾仕强,刘君政.最有效的激励艺术.北京：北京联合出版公司，2011.

[13] 吴春波.中国式领导风格.现代班组杂志,现代班组杂志社，2007.

[14] 曾仕强.中国式团队管理.北京：东方音像电子出版社，2007.

[15] 张昭,张宗刚.浅谈 80 后员工的有效管理.价值工程杂志,价值工程杂志社，2009.

[16] 袁瑛,卢文文.管理中的物质激励和精神激励.北京：中国集体经济出版社，2009.

[17] 许华,杨吉华.优秀班组长手册.广州：广东经济出版社，2011.

[18] 王瑞祥.现代企业班组建设与管理.北京：科学出版社，2007.